すくえた命

太宰府主婦暴行死事件

テレビ西日本
塩塚陽介

幻冬舎

すくえた命
太宰府主婦暴行死事件

装幀＊アルビレオ
構成＊設楽幸生

目次

登場人物

【テレビ西日本（TNC）取材班】
（担当・肩書は番組制作当時）

塩塚陽介
報道部記者　警察班サブキャップ
福岡県警捜査第二課・通称四課担当

西川剛正
報道部記者　警察班キャップ

水谷翔
報道部記者　福岡県警捜査第一課・第三課担当

藤野龍太
報道部記者　塩塚が報道部から
異動した後の取材班リーダー

永松裕二郎
本事件特集のデスク
特別番組「すくえた命」プロデューサー

木村慶
本事件特集のVTR担当ディレクター

青野寿俊
本事件特集の取材担当カメラマン

橋本謙二
本事件特集のVTR編集マン

宮﨑昌治
取締役兼報道局長。元西日本新聞社会部長。
事件の数ケ月前にテレビ西日本へ移籍

古江寛樹
報道部長

【被害者・遺族】

高畑瑠美
佐賀県基山町在住の主婦。山本美幸らに監禁・
暴行され2019年10月20日に亡くなる

高畑隆（仮名）
瑠美さんの夫。トラックの運転手で2児の父

安田圭子（仮名）
瑠美さんの実母

安田真理（仮名）
瑠美さんの実妹

富田啓太（仮名）
真理さんの内縁の夫。公務員

安田智一（仮名）
瑠美さんの実兄。山本美幸の中学時代の後輩

【被告など】

山本美幸
事件の主犯

岸颯
事件の共犯者。山本と交際

松尾誠（仮名）
元暴力団員。山本の恐喝に協力

田中涼二
山本の元夫

【佐賀県警】

綾部巡査長（仮名）
鳥栖警察署生活安全課所属
瑠美さん家族の相談を主に担当

高村刑事官（仮名）
警視。事件後、鳥栖警察署に刑事部門トップとして着任

武田刑事部管理官（仮名）
警視。この問題の現場責任者となった人物

杉内由美子佐賀県警察本部長
警視長。２０１９年、佐賀県警察本部長に着任

事件関係者相関図

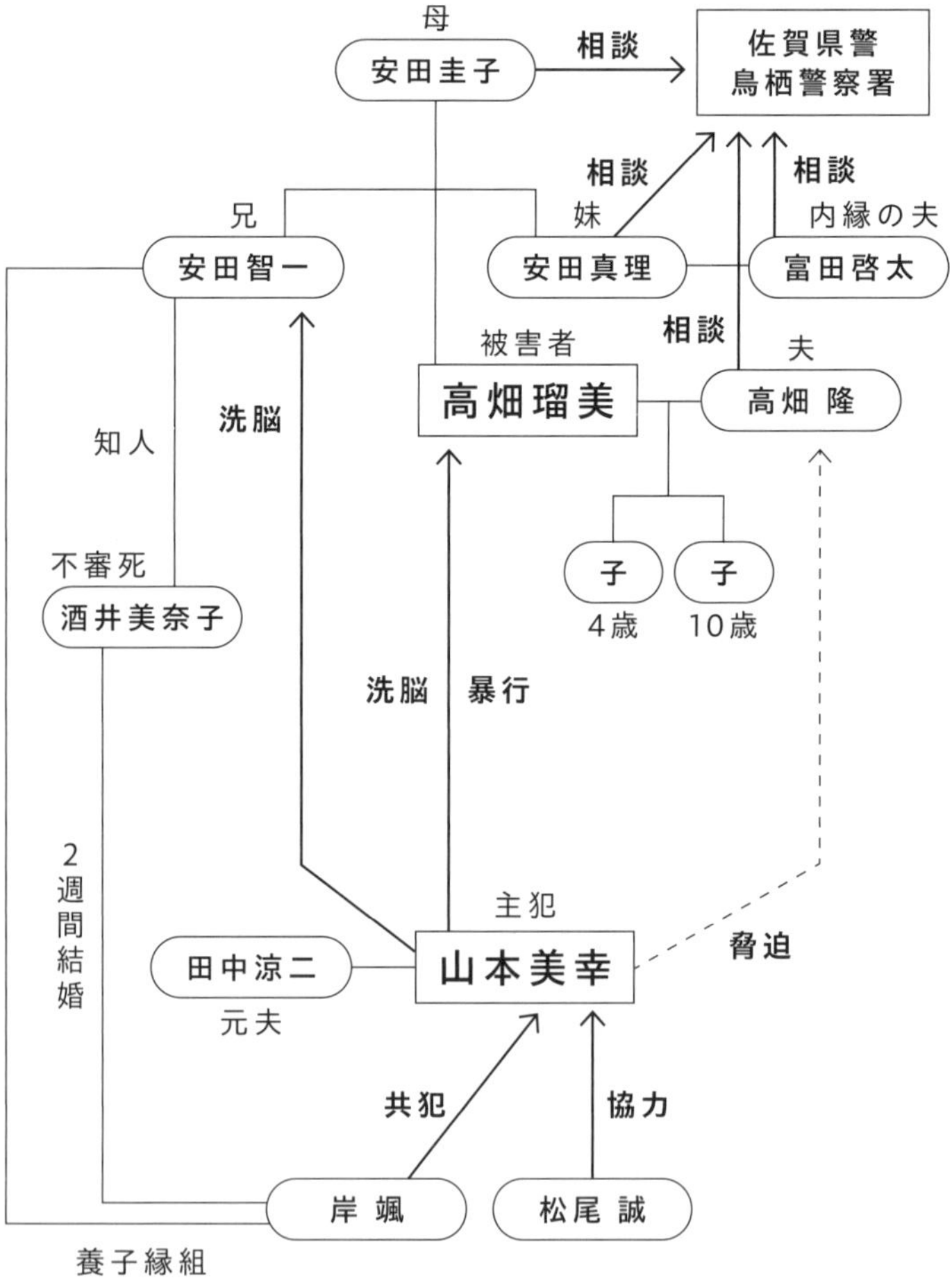
母
安田圭子
相談
佐賀県警
鳥栖警察署
相談
相談
兄
安田智一
妹
安田真理
内縁の夫
富田啓太
相談
被害者
高畑瑠美
夫
高畑 隆
知人
洗脳
子
子
4歳
10歳
不審死
酒井美奈子
洗脳
暴行
2週間結婚
主犯
田中涼二
山本美幸
脅迫
元夫
共犯
協力
岸 颯
松尾 誠
養子縁組

２０１９年10月20日、福岡県太宰府市にあるインターネットカフェの駐車場で、一人の女性の遺体が見つかった。

発見された遺体の身元は、佐賀県基山《きやま》町に住む主婦・高畑瑠美《こうはたるみ》さん（享年36）。体には木刀で殴られたり刃物等で刺されたりしたと思《おぼ》しき無数のアザや傷があり、その痛々しい姿は遺体と面会した家族が瑠美さんとわからないほどだった。

福岡県警はその後、瑠美さんの遺体が見つかった時に駐車場にいた山本美幸《やまもとみゆき》、岸颯《きしつばさ》を逮捕した。山本および岸の２人は後に傷害致死などの罪で起訴されるも、一貫して起訴内容を認めなかった。

最初にテレビ西日本報道部がこの事件に注目したきっかけは、瑠美さん、山本、岸の歪《いびつ》な人間関係であった。

瑠美さんは、夫と２人の子どもを持つ主婦で自宅は佐賀県基山町にあったが、事件発生約

2ケ月前の2019年8月末頃から福岡県太宰府市の一軒家で山本、岸らと謎の同居生活を始めていた。

また同居している間、ある日を境に2人は瑠美さんに激しい暴行を加えるようになり、許可なく外出することを禁止して監禁した。

「2人の隙をついて逃げ出すこともできたんじゃないか？」

常識的な思考を持つ人なら、そう考えるだろう。しかしなぜか瑠美さんは2人に従った。また、

「家族を捨てて赤の他人と同居生活を始めた」

そう聞くと、瑠美さんは家族とあまり上手《うま》くいっていなかったのでは、と思う人もいるだろう。しかし現実はその逆だ。

高畑瑠美さんは結婚11年目で、夫の隆《たかし》さん（仮名）と10歳と4歳の2人の子どもの4人家族だった。

隆さんは長距離トラックのドライバーをしており、家を留守にしがちであったが、瑠美さんはそんな隆さんの体を気遣いつつ、2人の子どもを育てながら家庭を守っていた。つまり、隆さんにとって瑠美さんは「優しく頼れる妻」で、互いに協力して仲睦まじく幸せな家庭を築いていた。そう、瑠美さんは、どこにでもいるごく普通の主婦であった。

ではなぜ、普通の主婦が家族を捨て赤の他人と同居することになったのか？

またなぜ、愛する家族と平和に暮らしていた瑠美さんが、自宅から遠く離れた駐車場で遺体となって発見されたのか？
そしてなぜ瑠美さんは、全身に無数のアザや傷を負うほど、暴行を受けなければならなかったのか？

このノンフィクションは、テレビ西日本報道部の取材班が、約2年にわたり関係者に徹底的な取材を敢行し、普通の主婦が無惨な死を遂げることになってしまった真相を追究した取材記録で、主に取材を担当した報道部記者・塩塚陽介《しおつかようすけ》の目線で描かれたものである。

この事件の取材を進めるうちに、一つわかったことがある。
それは、瑠美さんの命が「すくえた命」だった、ということである。

県民の期待と信頼に応える力強い警察
～安全安心を実感できる佐賀県を目指して～

（佐賀県警運営方針【公式ホームページより引用】）

プロローグ

九州最大の歓楽街・中洲から那珂川《なかがわ》を挟んだ場所に位置する西中洲。この一帯は、観光ガイドに載っていない地元民御用達の飲食店が軒を連ねている。

その一角にあるイタリアン酒場の2階で「夜の取材活動」に勤《いそ》しんでいた時、スーツの胸ポケットに突っ込んでいた社用携帯が鳴った。

接待相手の前を申し訳なさそうにしながら急いで通り抜ける。

階段を下りて、店の外に出た頃には着信は止《や》んでいたが、すぐにかけなおすとそのことがわかっていたかのようにゼロコールで相手に繋がった。

「おう！　塩塚、すまんすまん！」

警察班キャップの西川《にしかわ》さんだ。

「どうでした？」

私は飲み会中もずっと気になっていた、あの件をすかさず聞いた。

「実家はおばあちゃんしかおらんくてさ、『私にはわからん』って言われたけん名刺だけ置かせてもらったんやけど、戻ってる時に被害者の妹さんから電話がかかってきて、ちゃんと事情を説明したら誤解は解けたよ」

この日、事件の周辺取材を巡って新米記者とご遺族との間でボタンの掛け違いが生じ、トラブルになっていた。その誤解を解きに西川さんが佐賀まで行っていたのだ。

「そっちはどんな感じ？」

「盛り上がってます。みんなご機嫌に飲んでますよ。頃合い見て工藤會の捜査状況聞いときますね」

こちらは若手の捜査関係者とのいわゆる親睦会。

記者は日々、まだ世間には知られていない事件の捜査進捗や着手時期の情報を探っている。ニュースは必ず「警察によりますと」などとソースを明示して書かれるが、それはいわゆるオフィシャルの発表だ。

事件の経緯がわかる容疑者の細かい供述や、客観的に見て犯人であると断定できる証拠が見つかったというような核心部分となると、警察はあまりオフィシャルな発表をしない。

警察や検察はあくまでも逮捕・起訴をし、裁判で有罪を勝ち取ることを目標にしているため、その武器が世間に知られてしまうと裁判で不利になったりしかねないからだ。そこで記者はアンオフィシャルな取材で事件の詳細の情報を補塡する。これがよくニュースで耳にする「捜査関係者によりますと」というくだりだ。捜査関係者とひとくくりにしているが、それは捜査本部の末端刑事かもしれないし、容疑者が勾留されている警察署の幹部かもしれないし、あるいは検察官かもしれない。こうしたアンオフィシャルな情報をいつでも聞ける関係を捜査関係者と構築しておくことで、容疑者の任意同行の瞬間を撮影できたり、他社よりも早く記事にしたりできる。

「特ダネ」や「独自」などと枕詞をつけて報じられるこれらのニュースは、記者にとってこの上ない喜びで、その社の価値を高めると信じられているのだが、この飲み会もそうした関係づくりの一環だった。

「引き続き頼むわ。でさ、そこの誤解は解けたっちゃけど、被害者の妹さんが気になることを言っててさ。『私たちは事件前に何度も鳥栖《とす》署に相談してたのに、全然動いてもらえんかった。警察のせいで瑠美は殺された』って」

「なんです？　その話」

元々アルコールには強くないが、若い捜査関係者たちのお作法に付き合っていたせいもあり、思考が一瞬フリーズした。だが、ちゃんと働いていないフワフワとした頭の中で「妙な納得感」もあった。

被害者が赤の他人と謎の同居生活を送っていたという状況。十数年連絡を取っていなかった高校の恩師への金の無心。入り組みすぎて一つも筋が見えなかった事件の背景の一端が、なんとなく正体を現した気がした。

明日詳しく話す、と言って西川さんの電話が切れると、大きく伸びをして煙草に火をつけた。いつも柔和な西川さんが、少し緊張した様子で口にした「警察のせいで殺された」という言葉。

「……明日、話を聞いてからだな」

そう。今日はまだやることがたくさんある。

煙草を2、3回吸って揉み消すと、少しひんやりとした秋の空気を名残惜しく思いながらも再び戦場に戻る。

この時は、まさかノンフィクションの執筆まで手掛けることになる取材の始まりだとは、考えてもいなかった。

第1章

太宰府事件取材班の誕生

変死体の発見

ここ数年、福岡の街は毎年10月になると騒がしくなる。私が子どものころは弱小だった福岡ダイエーホークスがソフトバンクに買収されて約15年。王、秋山、工藤と球史に輝くレジェンドたちが強者のマインドを植え付けて常勝軍団となった若鷹軍団は、日本シリーズの常連となっていた。

福岡でスポーツといえば野球だ。サッカーの日本代表戦も、W杯でもない限りホークス戦の視聴率には遠く及ばないほど街に根付いている。タクシーに乗ると聞いてもいないのに「ホークス勝ってますよ」なんて言われるほどだ。この年ホークスは、レギュラーシーズンこそ2位だったものの、短期決戦での無類の強さを発揮してクライマックスシリーズを勝ち上がり、日本シリーズ3連覇をかけて戦っていた。

事件の一報が入ったのは、まさにその決戦の最中だった。

「変死体の発見について」

福岡県警からの広報文は、警察班に所属する記者たちには24時間メールで届くようになっている。その内容は「殺人事件の発生について」「窃盗被疑者逮捕について」、ほかにも「盗撮」「ひったくり」など様々だ。

そんな中で「変死体の発見について」という表題が実は一番ドキッとする。「殺人事件の発生について」であれば、早朝だろうが深夜だろうが警察班は臨戦態勢を整えるが、変死体とは「通常あり得ない状態で亡くなっている人」を指す。路上で亡くなっている人、用水路に浮いている人なども含まれ、調べてみなければ殺されたのか病死なのか事故死なのかがわからないため、念のため広報される。これまでの経験上、事件に発展するのはこのうちの1割程度だが、取材の初動態勢に悩む分、万が一事件だった場合に初動が出遅れてしまえば致命的となる。

しかし今回の広報文は、「明らかに事件」だという要素をたくさん孕《はら》んでいた。

警察による事案の覚知は2019年10月20日の午前6時15分頃。

福岡県太宰府市高雄《たかお》のインターネットカフェ駐車場において、男性から「車内の30代後半の女性が呼吸をしていない」旨の119番通報。心肺停止状態で病院に搬送された女性は搬送先の病院にて死亡を確認。女性の下半身などにはアザ様のモノ多数あり。車に同乗していた20代と30代の男性と、40代の女性に状況を詳しく聞いているが、いずれも「叩いていない」と話している……。

初報というのは大抵情報が少ない。というのも警察はミスリードをしないように確定的な情報しか出さないので、記事にするための最低限の要素しかないことが多い。

しかしこれは……どう考えても「事件」だ。

というより警察も「事件」であることをたくさん匂わせてくれている。

なぜなら初報の段階でまだ逮捕もされていない同乗者の「叩いていない」という供述をこちらに知らせることはあまりない。死因は司法解剖しなければわからないだろうが、この女性が何か事件に巻き込まれ、この同乗者たちが関わっていると考えるのが自然だ。


私が勤めるテレビ西日本（略称ＴＮＣ）は、主に福岡県を放送エリアとするフジテレビ系列の放送局だ。

本社はＪＲ博多駅から西に車で約20分、晴れた日には湖水のように穏やかな海面が青色に光る博多湾が社屋の目の前に広がる。右手にはホークスが本拠地とする福岡PayPayドーム。そばには県内外から観光客が絶えない福岡タワー。社屋から5分ほど歩いたところには、サザエさん誕生の地と言われる白い人工砂浜を有した百道浜《ももちはま》があり、こちらにも中国・韓国からの観光客が多数訪れる。

そんなロケーションにあるＴＮＣ放送会館の5階に、私が所属する報道局報道部があり、デスクや記者を中心に約30名ほどが働いている。

報道部には地元の福岡県警察を担当する「警察班＝サツ班」があり、県警から発表される情報などを基にニュースを出稿する役割を担っている。

サツ班は2期上の先輩、西川剛正《たけまさ》がキャップ、私がサブキャップを務めていた。西川さんをアタマに、2期下の後輩・水谷翔《みずたにしょう》が県警本部の捜査第一課と第三課を担当。私はサブキャップとして西川さんのサポートをしつつ捜査第二課と通称・四課を担当し、各警察署は4人の後輩記者がそれぞれ分担しながら、7人で事件・事故のニュースを24時間態勢でカバーしていた。

警察の業務内容は課によって分けられ、殺人や強盗などいわゆる「強行犯」と呼ばれる事件を担当するのが捜査第一課。政治家・公務員の汚職や、詐欺などの知能犯罪を扱うのが捜査第二課。空き巣やひったくりなどの窃盗犯を扱うのが捜査第三課。暴力団などの組織犯罪を扱うのが通称四課（昔の名残で四課と呼ばれているが、実際は組織犯罪対策課や暴力団犯罪捜査課などの複数の部署がある）だ。

ほかにも生活安全総務課や少年課、薬物銃器対策課、サイバー犯罪対策課など多くの部署があるが、基本的に県警本部の記者室に常駐している西川さんがそれらをカバーしながら、事件の発生や容疑者の逮捕に備えているという具合だ。

こうした警察取材に加えて「きょうは暑い！」みたいな日々のニュースや、「街にこんなすごい人がいますよ！」みたいな少し物語チックな企画ネタも取材してＶＴＲを作る。ここまでですでにわかるかもしれないが、ローカル局のニュース番組制作は在京局に比べると非常に心許ない体制でおこなわれている。

２０１９年10月20日。日曜の朝に広報された「変死体発見」の一報は、すぐにサツ班ＬＩＮＥで共有された。日勤だった記者の報告から、すぐに「事件」という判断はできたものの、まだ容疑者も捕まっていないし、被害者の人物特定も済んでいなかった。

西川さんは、現場の映像撮影をして「女性の変死体が見つかった」という事実を50秒にまとめた短いニュース出稿を指示し、それが夕方のニュース番組で放送された。

翌21日、やはり予想通りの展開が待っていた。

午前９時30分。「太宰府市高雄における死体遺棄事件被疑者の通常逮捕について」が捜査第一課から広報された。始業したばかりの県警記者室が慌ただしくなる。各社の記者が一課のある県警本部２階へ争うように一気に駆け上がると、エレベーター前で一課次席によるレクが始まった。

「だいたい各社揃ったかね？　では死体遺棄事件被疑者の通常逮捕についてです。亡くなったのは太宰府市青山一丁目Ｘ番Ｙ号の職業不詳、高畑瑠美さん36歳。被疑者は同居していた無職・岸颯24歳。同じく同居していた無職の山本美幸40歳。それと博多区の会社役員太田《おおた》陽斗《はると》35歳（仮名・後に不起訴）。被疑者らは共謀の上、令和元年10月20日午前5時05分ごろから同日午前6時15分までの間、福岡市博多区中洲3丁目から太宰府市高雄1丁目の施設駐車場までの間、車両内に被害者の死体を積載したまま走行して運搬し、死体を遺棄した疑いです」

次席が概要を説明すると、各社から矢継ぎ早に質問が飛ぶ。

「3人の認否は？」

「全員否認。まず岸は『車を運転したのは間違いないが、遺体を乗せたまま運んだということに関しては、途中高畑さんの様子を確認していないので死んでいたかはわからない』、山本は『寝ていると思った』、太田は『逮捕事実は誤解。ツバサとミユキに巻き込まれた』と供述しています」

「被害者の発見状況を教えてください」

「車の後部座席にいて縛られたりはしてない。司法解剖の結果、事件概要に書いてある午前5時05分より前に亡くなっていて、死因は外傷性ショック。複数箇所にアザやケガがあり、継続的に暴行されていたものとみられるが主犯は不明。今後の捜査で明らかにしていきます」

「車は誰の名義？」

「岸の名義」

「同居している3人の関係性は？」

「親族関係にも確認中ですが、知人関係であることは間違いない。関係者がほかにもいるかもしれないのでそこも捜査中……」


どういうことだ？

レクを聞いた記者たちは、この不可解な状況を今ひとつ飲み込めずにいた。

年代もばらばらで血縁でもない男女が、ひとつ屋根の下で同居している状況がすでに普通ではない。警察はとりあえず死体遺棄容疑で逮捕して、勾留期間目いっぱいかけて調べ上げ「殺人」あるいは「傷害致死」容疑で再逮捕するつもりだということはわかったが、否認事件ということもあるし全容解明には時間がかかるだろうなという予感はしていた。

そう、レクはいつも事件解明のヒントと同じくらい、多くの謎を残す。

警察から入ってくる情報だけでは全容がつかめないため、メディアの人間は独自に「地回り」をして事件の状況を掘り下げる。地回りとは容疑者や被害者の居住地周辺に赴き、周辺の住民などから容疑者や被害者の人となりや印象など、事件につながる情報を聞いて回ったり、卒業アルバム等から顔写真を見つけたりすることだ。

この「地回り」という作業は地味な上に意外と難しく、記者の中でも毛嫌いする人間が多い。容疑者や被害者の特徴や属性がよく映し出されている写真を入手できれば、事件の真相により近づくのだが、そのような写真を持っている人というのは当然当事者のことをよく知っている場合が多い。

時には、事件や犯罪に巻き込まれ憔悴しきっている遺族に対してマイクを向け、さらにその上で図々しくも被害者本人の写真を貸してほしいとお願いする場合もある。取材する側のメンタルもなかなか辛いものがある。

また、周辺の住民に話を聞こうとしても、余計なことに巻き込まれたくないからなのか基本的に取材に協力的な人は少ない。近隣住民に話しかけても怪訝《けげん》な顔をされるし、関わりたくないからと口を閉ざす人も多い。自分がその立場になったことを想像してみると、彼らの対応も無理もないと頷《うなず》く人も多いだろう。

地回りは、そういう状況下で真相解明に迫る情報を足でコツコツと探していかなくてはいけない作業だ。

しかし、この日のサツ班は異様に忙しかった。

太宰府事件の広報文が出た数時間後、福岡県宗像《むなかた》市にある保育園で、女性副園長が園児（当時6歳）の男の子を転倒させて唇を切るケガをさせた疑いで逮捕された。本来、子どもにとっても親にとっても安心できる場であるはずの保育園で、よりによって副園長が暴力をふるうというショッキングなニュースは、すぐに全国でも話題となり、捜査第一課担当の水谷はそちらにかかりっきりとなった。

一方の私は、日本シリーズ第1戦、第2戦を連勝したホークスに関する福岡の盛り上がりについてのVTR制作を任されていて、2つの事件の状況をLINEで逐一確認しながらも局の編集室にこもりきりとなって四苦八苦していた。

そうした中、この事件の地回りを担当することになったのは記者になってまだ1ケ月弱の新米女性記者だった。

いずれ通る道とはいえ、こんな複雑な事件の地回りは難度高めだな……。

と、少々同情を寄せていたが、ものの数日の間に「瑠美さんによる高校の恩師への金の無心」の証言を得られただけでなく、結婚して姓が変わっていた瑠美さんの実家にどのマスコミよりも早く辿り着き、遺族に接触することができたのだ。

壊された家族

「瑠美さんは洗脳されてたって言うんよ」

福岡県警本部の近くで2人で昼食をとりながら西川さんが切り出した。

他社が知らない話は、大抵昼食の時間に本部を離れてからする。

記者室の各社のブースは天井が開いていて、内緒話などできる環境ではない。

また、キャップとサブキャップは一心同体で、サツ班のメンバーにも話していないようなシークレットも昼飯を食べがてら共有し、作戦会議をよくおこなっていた。

話題はもちろん「警察のせいで殺された」というあの話の続きだ。

西川さんは、被害者の妹さんと電話で話した約2週間後の11月7日、古江《ふるえ》寛樹《ひろき》報道部長と共に遺族とファミリーレストランで面会し、さらに詳しく話を聞いていた。

「遺族は事件前に瑠美さんから何度も多額の金を無心されとったらしい。最初は貸してたみたいやけど、短期間に何度も続くけん困ってた。しかも子どもたちのこともほったらかして夜帰ってこないとかもあって。元々金遣いが荒い方じゃないし、子どものことも最優先にしてたから、何かがおかしいと……」

「異変の背後に山本たちの存在があったってことですね？」

「その通り」

急遽《きゆうきよ》取材に行くことが多い記者の昼食は、手短に済ませることが多い。

この日も馴染みのうどん店で麺をすする手を止めずに会話を続ける。

「山本たちの瑠美さんを〝使った〟金の無心はだんだんエスカレート。ヤクザの存在を常にちらつかせてくるし、怖い思いをすることが何度もあったみたい。そこでご遺族は、佐賀県警鳥栖警察署の生活安全課に相談してたそうなんよ。その数、なんと十数回」

「十数回も？」

「でも鳥栖署は、『それは家族間で話し合ってください』『事件にはできないです』の一点張りで、ついに動くことはなかった。そして、瑠美さんは亡くなったっていう話なんよね」

聞けば、瑠美さんは夫と子ども2人の4人家族で、どこにでもいる普通の主婦。

夫の隆さんは長距離トラックのドライバーで家を空けることが多かったため、夫の分まで子ども2人に愛情を注いでいた心根の優しい女性だったという。

しかし、山本美幸に洗脳されてからは子どもの面倒を実家に任せて夜中に出歩くようになり、交通事故を偽装して何百万も母親からだまし取ったりしていたらしい。しかもこれらの変化は事件前のわずか数ケ月間で起こった出来事だという。

家族は瑠美さんの異変に気付いてから自宅がある基山町を管轄する鳥栖署に「この件の背後には山本という女がいる。何とか瑠美をその状況から救い出したい」と何度も相談していたが、警察はまともに取り合わなかった。

その最たるものが事件発生の3週間前。

夫の隆さんが山本美幸とヤクザを名乗る男から携帯電話で3時間近く「金を払え」と脅された音声を録音し、被害届を出したいと鳥栖署に持参したにもかかわらず、鳥栖署はまともに録音を聞かずに「脅迫と断定できない」などと言って追い返し、瑠美さんを救うチャンスをみすみす逃したとのことだった。

「ご遺族は取材を受けるって言ってるんですか？」

「いや、とりあえず今は話を聞くだけって感じかな」

遺族の話が本当ならばひどい話だと思ったが、それと同時にこれは果たして電波に乗せられる話なんだろうかとも思った。

というのも、遺族は私たちに話をしてもいいが、カメラの前での証言ではなく、ペン取材のみを希望していた。

佐賀県警は許せないが、遺された子どもたちもいる。事件後はメディアスクラムの被害にも遭い疲弊もしているだろう。その心情は察するに余りあった。

「でも、ペン取材だけっていうのはキツいですね」

ペン取材とはカメラなしの取材のことだ。新聞や雑誌など活字のメディアなら何とかなるだろう。しかし、私たちは映像メディアだ。

事件の背景および人間関係が複雑な上に、肝心の遺族が取材を受けることに躊躇している、という状況。この条件でどうやって報道できるだろうか。

ある映像といってもせいぜい、事件現場や鳥栖署の外観、山本、岸と、瑠美さんの写真程度だ。これだけではなかなか厳しい。

実はこの話はすでに、古江部長経由で宮崎昌治《みやざきまさはる》報道局長まで上がっていた。

宮崎局長はその話を聞いて、

「佐賀県警が捜査をしなかったから被害者は死んだ、遺族は何度も相談に行っていたのに助けてくれなかった、これが確かなら十分記事になるじゃないか」

という見解を示していた。

実際に遺族に話を聞いた西川さんも「これは報じるべきだ」という気持ちでいる。報じるという前提の下、何かいい方法がないか相談してきているという感じだった。

34歳の西川さんは入社以来CM枠のセールスを行う営業部で活躍し、報道部に来たのは4年前。警察ネタで全国的なスクープをとったり、災害報道でドキュメンタリーを作ったりと実績を重ねてきた。よく2人で飲みに行っては、他愛もない話から仕事の悩みまで聞いてくれる、社内で最も信頼している先輩だ。

一方、31歳の私は映像部が初配属先。カメラマンとして報道やスポーツ中継の現場を経験したのち、情報番組のディレクターを経て5年前に報道部にやってきた。部内でも異色の経歴を積んでいる記者だった。

この2人の体制で色んな事件取材を乗り越えてはきたが、私は、今回の事件に関して、現段階ではニュースとして世に出すのは厳しいと感じていた。

物的証拠が乏しいことに加えて、遺族の証言も撮れないとなると静観するしかないだろう。

それこそ裏が取れないまま報道してしまう「書き飛ばし」なら可能だが、もし遺族の証言が事実と異なっていたらどうするのかなど、出稿に向けた動きに入るのはまだ早いと感じていた。

そんな正直な見解を西川さんに伝えると、

「まぁそうやね。でも引き続きご遺族のお話は伺いつつ、時系列とか人物相関図を整理してタイミング探ろうか」

と言い、宮﨑局長と古江部長にもそのように伝えた。

私たちがそんな動きをしている間にも、山本と岸の悪事は福岡県警の捜査によって次々と白日の下に晒されていった。

山本と岸が死体遺棄容疑で逮捕された1週間後の10月28日。山本の知人で元暴力団組員のトラック運転手、松尾誠《まつおまこと》容疑者（仮名・47歳）が死体遺棄容疑で逮捕される。この松尾という男は山本が「マー兄《にい》」と呼ぶ人物で、死体遺棄の現場にはいなかったものの、瑠美さんの遺体を運搬中に電話で山本たちと話しており、共謀したとして逮捕されたのだ。

11月14日。山本と岸が殺人容疑で再逮捕された。

2人は共謀の上、亡くなる1週間前から2日前にかけて、瑠美さんに殴る蹴るの暴行を加えたほか棒状の道具で多数回殴打。2日前から前日にかけては殺意をもって棒状の道具で殴打し、死亡する危険性が高い状態にもかかわらず、適切な治療を受けさせないことによって外傷性ショックで死亡させたとして殺人罪が適用された（後に傷害致死罪で起訴）。

さらに、12月5日には山本とマー兄が恐喝未遂で再逮捕された。

実はこの事件、鳥栖署に「脅迫の音声を録音したので被害届を出したい」と持ち込んだものの突き返されてしまった録音データをきっかけに、瑠美さんの夫・隆さんに対する恐喝未遂容疑で福岡県警で立件されたものだった。

「福岡県警には立件できて佐賀県警にはなぜできない？」

このことは遺族にとって大きな意味を持った。

納骨堂で聞いた遺族の叫び

西川さんと古江部長が遺族とファミリーレストランで面会した日から約2ケ月が経った2019年12月30日。

西川さんと私、そして捜査第一課担当の水谷の3人は、佐賀県に向かっていた。

それまでずっと遺族とは西川さんが中心となり連絡を取っていたが、この日は瑠美さんの夫の隆さんと初めて会うことになったので、こちらも今後のことを考えて3人で訪ねることになったのだ。

目的地は基山町にあるお寺。西川さんが運転する車に乗って途中で献花を買い、瑠美さんが眠る納骨堂に赴いた。年の瀬の納骨堂はとても静かで、板張りの床の冷たさが靴下から伝わり体の芯まで冷える。

3人で瑠美さんの位牌に手を合わせると、納骨堂の一角にある小さな休憩スペースのソファに腰かけて、遺族に初めて対面した。

遺族は瑠美さんの夫・高畑隆さん、瑠美さんの母親の安田《やすだ》圭子《けいこ》さん、実妹の安田真理《まり》さんと、その内縁の夫の富田《とみた》啓太《けいた》さん（全員仮名）の四名であった。

事件から約2ケ月が経ったとはいえ、〝何も解決していない〟遺族の顔には、かなりの疲労も窺《うかが》えた。特に夫の隆さんの姿が印象的で、適当にくくった長髪に無精ひげが目立ち、頬は少しこけていた。あまりこちらと目を合わせることなく下を向いているのも気になった。

「瑠美姉《ねえ》は鳥栖署のせいで死んだんです」

妹の内縁の夫・富田さんがそう話を切り出すと、全員が堰《せき》を切ったように話し始めた。

瑠美さんは実家から歩いて5分ほどのアパートで、隆さんと小学生の長女、保育園児の長男と4人暮らし。自分のことより家族を優先し、母親や祖母、妹に困ったことがあるとすぐに駆け付け、いつでも手助けしてくれるような優しい性格だったという。

それでいて、忙しく働く隆さんに対しては「次はいつ帰って来れる？　その時のご飯はなにがいい？」としょっちゅう電話をかけては、食卓には毎回隆さんの好物を大量に並べた。

「俺を太らす気なんか、食べきらんぐらい好きなものを作るとよ、お義母《かあ》さん」と、聞いた周りが恥ずかしくなるほどの幸せな愚痴を隆さんがこぼすくらい、愛し愛されていた。

そんな瑠美さんに異変が起きたのは、事件の半年ほど前。

病院で事務職として働いていた瑠美さんが、「夜勤でやらなきゃいけないことがあるから」と子どもたちを実家に預けることが増えた。母親の圭子さんは「夜勤がないはずの仕事なのにな……」と疑問に思いながらも孫たちを預かっていたそうだ。最初は週に1度くらいのペースだったが、次第にその頻度は高まっていき、心配になって問いただすと、それまでの瑠美さんと同一人物とは思えない言葉遣いで圭子さんに反抗するようになったという。

「ある時、瑠美の長女の小学校から『子どもが学校に来ていない』って電話がかかってきたんです。急いで瑠美の家を見に行ったら子どもたちだけで、慌てて準備をさせて学校に送った後、瑠美に電話したんですけど全然出ないし、ようやく連絡がついて理由を聞いても、友達がどうのこうの言ってよくわからなかったんです」

おそらくこの頃から山本たちと行動を共にし、夜中に出歩き始めていたのだろう。さらに事件の４ケ月前。家族が異変を確信する出来事が起きる。

「瑠美が『交通事故を起こしたからお金を貸してほしい』って言ってきたんです。事故を起こしたけど保険が隆さん名義で使えないから、示談金を払うのに貸してほしいと。それが４００万円とか目が飛び出るほど大きい金額で、私とおばあちゃんで立て替えてあげたんですけど、事故の詳細を聞いても時間も場所もなんか曖昧だったから『ちゃんと示談書と領収書を持ってきなさい』って話をしたんです。瑠美が後日持ってきたんですけど、相手の住所と名前を調べたらデタラメで『これは完全におかしいな』ってなったんです」

普通の主婦が、示談書や領収書を偽造して実の母から金を騙《だま》し取った？

これだけで家族がおかしいと思うには十分だったが、瑠美さんの職場から母親にかかってきた電話は、「瑠美さんがトラブルに巻き込まれている」ことをさらに窺わせた。

「職場の上司の人からだったんですけど、瑠美さんが無断欠勤を続けていますと。たまに出勤してきた時もぼーっとしていて、何か危ないモノでもやってるんじゃないかってくらい目がうつろだし、話しかけても反応しないんですって言うんです。それに加えてヤマモトという女から『瑠美はいますか？』ってしょっちゅう迷惑電話がかかってくるし、『お母さん、瑠美さん大丈夫ですか？』みたいな内容で……」

勤務態度も真面目で社交的だった瑠美さんの変貌具合に、よほど驚いたのだろう。

成人した女性の様子について、上司が親に電話をかけてくるというのはよほどの異常事態だ。それに加えて圭子さんや妹の真理さんには「ヤマモト」という女の名前に心当たりがあった。

「10年くらい前なんですが、瑠美の兄の智一《ともかず》（仮名）が酒井美奈子《さかいみなこ》という女性との間に子どもができて、中絶費用が必要だから70万円貸してほしいと泣きついてきたことがあったんです。その時に智一が一緒に連れてきたのが山本という女でした。おまけに智一は全然喋《しゃべ》らんくて山本がずっと勝手に話を進めていくんです。智一に『あんたどうして？』って言っても、うつむいたまんまでなんにも喋らんくて、結局山本にお金を渡すことになって……」

妹の真理さんが付け加えた。

「山本っていうのは基山では有名なワルというか、すごく評判が悪くって。父親もヤクザか金貸しか何かをやっているとかで有名だったんです。家を奪われた人もいるとかそういう話もあって……」


この事件の発端は10年以上前に遡る——。


兄のトラブルをきっかけに初めて山本と接点を持った安田家。

山本が仲裁人として実家に来てまもなく、兄の智一さんは家族の前から忽然《こつぜん》と姿を消して失踪した。圭子さんはその後も何度か智一さんの借金返済という名目で山本に金を支払ったらしいのだが、それからぱったりと接点はなくなっていた。

実はこの頃、山本は瑠美さん夫婦のもとに現れていた。

夫の隆さんが話を続ける。

「瑠美の兄に飲み屋のツケがあってその回収にヤクザが動いている。払わなかったら実家にヤクザが行くことになるとか言われて山本から金を要求されました。合計で６００万～７００万近くは払っていると思います」

瑠美さんの実家には高齢の祖母もいる。心配をかけたくないと、夫婦はそのことを家族には伏せたまま毎月10万円を超える金を何年も山本に払い続けていた。

山本は貴重な収入源となった高畑夫婦に「私の父親は道仁会《どうじんかい》（福岡県久留米《くるめ》市に本部を置く指定暴力団）の相談役」と言って名刺を見せたり、現役の山口組幹部だという松尾（マー兄）と電話で話をさせたりして、自分の背後にヤクザがいると信じ込ませていた。

その結果、夫婦はなおさら実家には心配をかけまいと思い、山本との関係について瑠美さんの実家にはひた隠しにしていた。

そんな事情もあって、娘夫婦を取り巻く環境を一切知らされていなかった圭子さんたちだったが、瑠美さんの異変の背後には「あの時の山本がいる」と確信し、瑠美さんの叔母と職場の上司と共に２０１９年７月12日に佐賀県警鳥栖警察署を訪れる。

「瑠美が山本に洗脳されているのでどうにかして救えないかと相談に行ったんです。そこで交通事故を偽装したこととか、職場に山本から迷惑電話がかかってくることとかを2時間くらい話しました。私たちとしては瑠美と話し合いをしたいけど家にもほとんどいないし、電話をかけてもつながらないし困っていると。瑠美の職場の上司は『瑠美と山本との間には強い上下関係ができているようで何か弱みを握られているのでは？』と話していました」

これまでの話を聞いて、私は率直に「警察からすると難しい話ではあるな」と思った。洗脳されていると言われても証拠はないし、交通事故偽装の金銭トラブルに関しては山本は表立っては登場していない。背後にいることはこれまでの話から想像はつくが、親族間の金銭トラブルと言えばそれまでだと判断されてしまいそうな話ではあった。

想像通り警察は「証拠がない」「山本との関係がわからないので話し合いに山本が出てきた際は第三者を立てるように」というアドバイスを送るにとどまったそうだ。

しかし、ここから事態は急激に悪化していく。

瑠美さんが圭子さんや真理さんに、さらにとんでもない大金を要求してくるようになったのだ。

「瑠美が『これまでは内緒にしとったけど、智一の借金をずっと隆くんが肩代わりしてきた。でも離婚するってなってそれを隆くんに返さなきゃいけないから500万円必要』みたいな話を急にしてきて……でも何かおかしいんです。いつもの瑠美の口調ではないし、電話口の後ろでひそひそずっと聞こえている。誰かに言わされているようなそんな感じで」

ほぼ同時期に妹の真理さんのもとにも、瑠美さんから別の理由で550万円を要求する電話がかかってきていた。声色はすっかり変わり、優しかった姉の面影はすっかりなくなっていたという。

家族の当時の記録では、7月から8月中旬にかけて鳥栖署へ7回も相談に行っている。「瑠美が山本という人物に洗脳されている」という7月中旬の相談を皮切りに、瑠美さんの子どもの所在がわからなくなっていることや、妹の真理さんに借金取りから脅しの電話がかかってきたことなど日々悪化する現状を伝えながら「瑠美を山本から引き離さなければ大変なことになる」と訴え続けた。

ところがこの頃、相談を主に担当することになった鳥栖警察署生活安全課の若手警察官・綾部《あやべ》巡査長（仮名）は「家族間の問題だから動けない」として具体的に動くことはなかったという。

そんな中、とうとう山本は実家に押し掛けてきた。

2019年8月27日、午後6時半過ぎのことだそうだ。

この日は佐賀を中心に記録的豪雨となった日で、圭子さんも真理さんも鮮明に覚えていた。

圭子さんが仕事を終えて家に帰ると、山本、岸、瑠美さん、知らない男の4人が実家の玄関に居座っていた。瑠美さんは最後に会った1ケ月前に比べてかなり太っていたばかりか、普段グレー系の地味な服しか着ないのに、ピンクの上下スウェット姿に前髪はパッツンというかなり奇妙な出で立ちになっていたという。

圭子さんが「何しに来たと？」と聞くと、山本が「瑠美が離婚したらこの家に戻ってきていいですよね？」と言ったという。

圭子さんは山本の親が借金のカタに家を取り上げた、という悪評を聞いたことがあったため「絶対ダメだ」と断ると、そこから岸も玄関から中に入ってきて押し問答となった。一報を受けた真理さんが110番通報をして警察を呼び実家に着くと、今度は真理さんに難癖を付け始め、「帰ってくれ」と言っても20分〜30分家の中から出ていかなかった。

この時、通報で駆け付けた鳥栖署の署員は一部始終を見ていたが、「何度言っても全然帰らないから住居侵入で現行犯逮捕してください」と2人が頼んでも、「弁護士を立てて話したらどうか？」などと対応しなかったという。

遺族が考える瑠美さんを救い出せたタイミングの一つがここだ。

他人の家に入り込んできて「帰ってくれ」と何度言ってもその場にとどまる行為は「住居侵入罪」または「不退去罪」に当たる。

もちろん「帰れと言って帰らないから」とすぐに適用されるものではないが、遺族の話の通り警察官が現場に到着して20分～30分も玄関に留まるようなら罪の要件は満たすかもしれない。

それまで散々「瑠美を山本から引き離してほしい」と言っていた家族にとって、向こうからやってきたこの状況は、まさにチャンスだった。

しかし、警察官は「まあ、家族だから」と要望を聞いてくれなかったそうだ。

いずれにしても山本が実家にとうとう姿を現し、瑠美さんの変わり果てた姿を見た圭子さんや真理さんはより一層の危機感を募らせていた。

その翌日、実家からはこれ以上金を取れないと判断したのか、山本たちはターゲットを夫の隆さんに定め、さらなる脅しをかけた。

「今度は瑠美がホストクラブでマー兄の200万円を使い込んだとか、瑠美を面倒見ている分の生活費も合わせて305万円払えみたいな感じで電話で脅されました」

しかもこの時、二人三脚で山本からの要求に耐えてきたはずの瑠美さんが、いつの間にか「山本側の人間」となっていた。

「『お金はどうすっと？　どんくらい人に電話かけたと？』とか瑠美にも毎日毎日言われて……」

隆さんは伏し目がちのまま話を進めた。

山本はこの頃から太宰府の家に瑠美さんを引っ越させて監視下に置き、マー兄を使いながら隆さんに金を要求した。

「瑠美から『あんた浮気しとるやろ』とか訳わからんこと言われたかと思ったら、今度は山本が電話代わって『瑠美はホストに狂って金使い込んだけん、その金をあんたが代わりに支払ったらあんたは解放してやる』とか言われて……」

日本中をトラックで走りながら、毎日毎日こんな脅迫電話を受けていた隆さんは精神的に追い込まれ、死んだ方がマシだと本気で自殺を考えたという。

自分だけで受け止められる範囲を大きく超えたと感じていた隆さんに、タイミングよく妹の内縁の夫・富田さんが働きかけたこともあり、ようやく瑠美さんを除く全員で家族会議を開いた。

瑠美に一体何が起こっているのか？

目まぐるしく悪化していく状況についていけていなかった圭子さんたちだったが、双方の話を足し合わせようやくその全貌を理解した。


長期にわたって、暴力団を背後に匂わせた山本から何度も脅されている。

総額何百万円もの金を巻き上げられている。

山本らは瑠美さんを同居させ洗脳している。

家族だけで立ち向かったり、脅しに対抗しようとしても、相手はヤクザだ。

暴力団に家族ごと殺されるかもしれない。

こんな状況になったら、もう自分たちにはどうすることもできない。

警察を頼るしかない。

しかし、

「瑠美を山本から引き離してほしい」

「相手は明らかに暴力団をチラつかせて脅迫してるんだから逮捕してほしい」

そう懇願し続けるも、鳥栖署は動いてくれなかった。

「鳥栖署はこちらがいくら訴えかけても、事の重大さを全然わかってくれなかったんです。私たちが明らかに脅されているのに、『これは家族間の問題』と、鳥栖署、とくに綾部は真剣に取り合ってくれませんでした」

それどころか、鳥栖署は家族の相談を面倒くさがっていると思われてもおかしくないような対応にだんだんなってきていたという。

明らかに脅迫・恐喝を受けている家族が、「生活安全課の綾部さんではなく刑事課と話がしたい」と相談した際には、「アポを取ってください」と言われ、「ではそのアポを取らせてください」とお願いすると、「また昼間に電話かけてもらっていいですか？」と断られたこともあった。

また、長距離トラックの運転手である隆さんが大阪での仕事中、山本とマー兄から電話で

脅されたので脅迫罪で被害届を出したいと話しても、

「脅されたのは大阪でですか？　だとしたら管轄は大阪府警なので鳥栖署には被害届は出せません。またその脅迫も録音がないので証拠がない」

と断られたという。

隆さんのこの話が本当ならば、鳥栖署の対応はおかしい。通常は脅された場所がどこであろうと被害届を出すことができる。被害届は被害に遭った管轄の署でないと出せない、と万が一鳥栖署の担当者が言っていたとしたら、それは間違ったことを隆さんに伝えていることになる。

家族はこの状況を何とか変えようと弁護士を入れていた。

そして9月23日、隆さんは山本とマー兄に再び電話で脅迫された。鳥栖署に言われた通り電話を録音し、意を決して弁護士を入れましたというと、山本からは「金を返せ」「借りた金も返さないで弁護士入れるなんて、詐欺よ詐欺！」と覚えのない借金の返済を求められ、マー兄からは、

「もしかしてワシらのこと舐めてんのかお前？」

「弁護士入れたところでどうにかなると思ってんのかコラァ！！！」

「舐めた真似してくれたな、弁護士入れてどうなるか、上等や、してみたらええ！！！」

などと脅迫され続けた。

隆さんはこの時のことを、「もう山本の声も松尾の声も聞きたくなかった。でも少しでも脅迫の証拠になればと耐え続けました」と声を絞り出して振り返った。

後からこの実際の音声を聞く機会があった。文字だけでは少々わかりづらいが、マー兄は関西弁と博多弁を混ぜたような、よくヤクザや暴力団が脅す時に使うドスを利かせた声で、怒鳴りつけたり絶叫したり、時にはあまりの大声で音が割れ、何を言っているのかわからないほどの凄《すさ》まじい勢いで、隆さんを恐喝している様子が聞き取れた。

隆さんはほとんど涙声になりながらも必死に、「弁護士を入れました」「支払いはできません。すみません！」と震える声で対峙していた。

「ヤクザ」を自称する男が一般市民にこんな風に怒鳴っているのが恐喝や脅迫でないなら、一体何なんだ？　という印象だ。


こういう話を聞くと「警察は民事不介入だから」と言う人がいるが、これは現在の警察の指針とは異なる。どんな事件も入り口は「金銭トラブル」や「人間関係」などから発展することは警察も過去の事例から学んでいるので、民事の段階からきちんと察知するべきだ、という考え方になっている。

例えば１９９９年10月、埼玉県桶川《おけがわ》市で当時21歳の女性が通学途中に待ち伏せしていた元交際相手の仲間に刺殺され、その兄や殺害の実行犯ら4人が逮捕された、いわゆる「桶川ストーカー殺人事件」。この事件は、殺害された女性や家族が事件前に何度も警察に足を運んでいたが、「民事不介入」を建前に業務の負担を避けるという悪習に染まっていた結果、最悪の結末を迎えた。

この事件をきっかけに2000年5月にはストーカー規制法が成立し、ストーカーの専門部署を設置する県警も誕生したりした。

昨今の警察は、家族間のトラブルや親族のトラブル、または知人同士のトラブル程度の話でも、きちんと耳を傾け、起きていることを把握しようとする場合が多い。というのも、警察はその手の事案が最終的に重大事件になる可能性を孕んでいるという考え方を持っているからだ。

隆さんは長時間の脅迫に耐え、証拠となる音声を録音することができた。これで警察はまともな対応をしてくれる、被害届を受理してくれると思った隆さんだったが、今までの警察の対応があまりに杜撰《ずさん》だったので、弁護士に念のためこの録音を聞いてもらうことにした。

「これは100%恐喝です。これで被害届が受理されなかったらおかしいです」

録音を聞いた弁護士がそう断言したので、隆さんの意は固まった。

鳥栖署の刑事課にアポを取った隆さんは、9月25日午後8時40分に真理さん、富田さんの

3人で訪問した。

ところが、刑事課が全員出払わなくてはいけない事案が発生し、結局いつもの生活安全課の綾部巡査長が対応するという。

綾部巡査長の今までの不誠実な対応に不信感を抱いていた家族は、

「いやいや、綾部さんだと埒《らち》が明かないので、他の人に話を聞いてほしい」

と頼んだものの、刑事は全員出払っているから、と結局綾部巡査長が対応することになった。

「それまでに私たちは鳥栖署に10回も訪れていて、主に対応していたのが綾部だったんです……この綾部が全然こちらの希望を聞いてくれないので、いい加減刑事課の方と直接話がしたかったのですが、この日もまた刑事さんとは話せず、結局綾部さんに話を聞いてもらうことになったんです……」

吐く息も白い、冷え切った納骨堂で。

鳥栖署のあの日の対応に憤りを隠しきれない遺族の訴えに、耳を傾け続けた。

その日の鳥栖署の対応は、にわかには信じがたいものだった。

テープ起こし

恐怖に耐えながら録音した3時間の脅迫音声。

隆さんは綾部巡査長に携帯電話を差し出し、「脅迫の被害届を出したい」と訴えた。すると綾部巡査長は、「3時間ですか……そんなに長いとは聞いてないんですけど……」と言い放った。

そして綾部巡査長に部屋に案内されるとしばらくして、録音データを持った綾部巡査長が部屋へと戻ってきた。

遺族は期待を胸に膨らませて、綾部巡査長の反応を待った。

ところが綾部巡査長は、家族の期待を裏切るようなことを口にした。

「5分間くらいしか聞いてないんですけど、これでは脅迫だと断定はできない」

3人は啞然《あぜん》とした。すかさず富田さんが綾部巡査長に詰め寄る。

「完全に脅しでしょうこれ。こんなのが3時間続くんですよ。いままだ可愛いですよ、口調」

すると綾部巡査長は、「前々から言っている通り、脅迫で被害届を出したいというのであれば、やはり自分は生活安全課で担当じゃないのもちょっとあって……」と言った。

富田さんが「いやだから、自分たちは生活安全課に来たわけじゃなくて、県警本部に電話したら宿直体制でよければ受け付けるって言われたけん来たんですよ。（中略）被害届をなんで受理せんと？」と食い下がると綾部巡査長は再び離席し、20分ほどして戻ってきた。どうやら夜間の責任者である当直主任と協議をした様子の綾部巡査長が言った。

「脅迫を構成する（罪の）要件があるんですよ。弁護士さんはどういった点があるから脅迫になると言っているのかなと。今の段階で払わなかったらどうするというのが出てきていない。例えば払わなかったら殺すとか」

富田さんが語気を強めて言う。

「でも言ってるじゃないですか。似たようなこと。（中略）自分たちが言うのと反社会勢力が言うのとでは意味が違うでしょ」

相手はヤクザなんだと何度も訴える家族に、綾部巡査長はこう言い放った。

「暴力団関係者だと言われたら一般の方は怖いでしょうけど、暴力団関係者だと名刺を渡されたかというとそうじゃない。電話で暴力団関係者だと言うのは自分でもできる話で、そう言うのは誰でもできる」

そういう問題ではない。相手に暴力団関係者だと思わせて3時間も金銭を要求している時点で脅迫と言わずに何というのだろうか。

「どうしようもない状況って感じではないので……」

電話で山本たちに、「会社に行くぞ」と脅されていた隆さんは、納得いかない様子で綾部巡査長に尋ねた。

「もしですよ。きょう会社方面に帰る時に相手と会いました。拉致されました。どうなるんですか？」

真理さんが続けた。

「一人でいて通報もできません。どうなりますか？」

少しの沈黙が流れて綾部巡査長はこう回答した。

「それはその者たちの監禁罪・誘拐罪、そういう罪になる」

「じゃあブスッて刺されたらどうなるんですか？」隆さんが問う。

「もちろんその者たちを殺人罪とか暴行とかそういう罪にできる」

「それは起きてからじゃないと防げないものなんですか？」

この真理さんの意見はごもっともだ。その状況を防ぎたいから相談に来ている。

綾部巡査長とはそもそもの論点がずれているのだ。

家族はやはり綾部巡査長と話していても無駄だと感じながらも、危害を加えられそうな現状をその後も必死に訴え続けた。

実はこの日のやり取りが明確なのは、度重なる相談に真摯に対応してくれない鳥栖署に不信感を持った真理さんが、バッグにボイスレコーダーを忍ばせていたためだ。

警察への相談にボイスレコーダーを持ち込んでいること自体、それまでの鳥栖署の対応の異常さを表しているように思えた。

こうしたやり取りの後、真理さんが一旦離席したため音声は残っていないが、綾部巡査長はさらにとんでもないことを口にしたと隆さんが証言した。

「綾部から『被害届を出したいなら、どれが恐喝でどれが脅迫でどれが強要に当たるのか、罪に当たると思う部分にわかりやすく印をつけて持ってきてください』と言われました。富田さんが『それは僕たちにテープ起こしをしろという意味か？』と尋ねると、綾部が『そこまでは言いませんけど、要点をまとめてわかりやすくして来てください』と言ったので、『テープ起こしじゃないですか！　素人には無理でしょ』って言ったんですけど、『今はネットで調べれば罪の要件くらいわかる』みたいなことを言われました……」

メモを取る手を思わず止めた。

法律の素人かつ、その音声を二度と聞きたくないほど怯《おび》えている被害者に警察官がテープ起こしを要求した？　そんなことあり得るのか？

私が顔をあげると、終始伏し目がちだった隆さんが真っすぐにこちらを見つめていたほか、同じく綾部巡査長のこの発言を聞いた富田さんもこちらを見ながら何度も頷いていた。

その問題発言が録音されていたはずの部分には、一旦車に戻った真理さんと子どもの会話が残されており、真理さんが再び警察署内に戻った頃には、「刑事課にアポを取って後日来署するように」と綾部巡査長に説き伏せられた2人が落胆している様子が収録されていた。

怖くて助けてほしくて警察を頼った。その警察は耳を傾けてくれないし動いてもくれない。おまけに一般市民に証拠の「テープ起こし」を求めてくる。

このようにして11回目の来署も、何の進展もなく幕を閉じた。

家族はその日からテープ起こしの作業を行っていたという。それが終わって要点が整理できるまで、鳥栖署に行っても仕方がない。しかし、多忙を極める仕事の合間を縫っての不慣れな作業に気持ちばかりが焦っていたという。

そうした作業を進めていたなか、この相談の約1ケ月後、瑠美さんは変わり果てた姿で見つかった。

恐れていた最悪の結末となった。

私たちは3時間ほど、瑠美さんが眠る納骨堂で遺族の話を聞き続けた。

話が終わると、遺族は茫然自失といった表情で、鳥栖署の一連の対応への憤りをようやく他人に吐き出したからなのか、ぐったりした様子だった。

遺族の話が事実だとすれば、鳥栖署の一連の対応にはいくつも問題点がある。

①一貫して「家族間の問題」として処理
②山本らが実家に押し掛けてきた時の対応
③脅迫の被害届を受理せず
④綾部巡査長の「テープ起こし発言」

①一貫して「家族間の問題」として処理

まず7月中旬から家族が訴えてきた「瑠美さんの異常」に関する部分についてだ。家族は当初から背景に「山本」という他者が介在していることを訴えていた。

確かに以前の瑠美さんのことを知らない警察からすれば「娘がおかしくなっている」と家族に言われても確かめようはない。

しかし、今回の場合は第三者である職場の上司までもが鳥栖署に赴き、

「様子がおかしい」

「山本という女と上下関係ができているようだ」

などと訴えている。

にもかかわらず「家族間の問題」として相手にしなかった。さらに短期間に11回という尋常ではない回数の相談を受けながら、家族間の問題ではないことを見抜けなかった要因は何なのだろうか。

②山本らが実家に押し掛けてきた時の対応

8月27日に山本や岸らが実家に押し掛けてきた時の対応にも疑問が残った。

確かに圭子さんたちにとって瑠美さんは家族であることから、その知人として居座った山本や岸を即座に現行犯逮捕しなかった判断は理解できる。しかし、家族が瑠美さんを含めて「現行犯逮捕してくれ」という事態は明らかに異常だし、それまでの相談で「山本美幸」の名前は散々出ているため、少なくとも要注意人物であることは間違いないはずだ。これは後の取材でわかることだが、山本美幸には恐喝と監禁致傷の前歴もあった。岸に至っては傷害の前歴に加え、有印公文書偽造などの罪で、当時は執行猶予中の身であった。

職務質問をする中で、その点まで調べていれば少なくとも家族の相談内容の信憑性《しんぴょうせい》は増して、その後の動きが変わっていたかもしれないと思った。

③脅迫の被害届を受理せず

そして一番の問題は、9月25日の脅迫の被害届を出しに行った日の対応だ。

アポを取っていた刑事課が出払ってしまったことは仕方がないが、身体に危害を加えかねない威勢で連日脅されている市民が必死の思いで録音した音声を、たったの5分しか聞かずに「私は専門外でわからないので後日来てください」は警察官としてあり得ない対応だと思う。加えて犯罪の端緒となりうる録音データの保全も行わずに返しているし、「拉致されて刺されたら」と不安を訴える市民に、「その者たちを殺人罪に問うことはできる」と誰もが知っている答えを平然と言い放つ警察に何を期待すればいいのだろうか。

④綾部巡査長の「テープ起こし発言」

これはむしろ信じたくない話だが、「罪に当たると思う部分にわかりやすく印をつけて持ってきてください」などという一連の「テープ起こし発言」だ。

仮に言っていたとしたら職務放棄・怠慢などでは片づけられない大問題だ。

市民は、生命に危機が迫っている状況でも、慣れない専門的な作業をしなければ被害申告ができないという、あり得ないステップを踏むことになる。

もしこの発言が本当ならば一発レッドカード案件だと思う。それだけに、その発言の録音がないことが悔やまれた。

鳥栖警察署への質問状

年が明けて2020年1月9日、山本、岸、松尾が、山本が通っていた美容室の従業員から現金149万円を脅し取った疑いと、亡くなる1週間前に瑠美さんから現金107万円を脅し取った疑いで福岡県警に再逮捕された。山本は4回目の再逮捕、岸と松尾はそれぞれ3回目だった。

ところがこの頃、各メディアの報道はすでに下火になっており、この事件を扱わなくなるところも出始めた。

私見だが、報道機関というのは事件の背景があまりにも複雑に入り組んでいると早々に手を引きがちだ。思うに、世間が情報についてこられなくなるがために、視聴者・読者にとってわかりやすい内容か否かという部分を基軸にして、報道する事件を取捨選択する節がある。例えば、2023年1月に博多駅前で飲食店従業員の男が元恋人を包丁で刺殺した事件などは報道が過熱しやすい事件の典型である。「博多駅前」「衆人環視の中」「ストーカー」という世間の耳目を引きやすい要素が並んでいるため、視聴者の興味・関心が高いと判断されるのだ。

一方で太宰府事件は、人間関係が複雑で事件の背景および前提を説明するのにどうしても時間がかかってしまう。だから説明している途中で視聴者に飽きられてしまうと判断し、マスコミの熱も続かなかったのではないか。

この事件は登場人物が非常に多い。さらに、10年以上前の瑠美さんの兄の借金トラブルも含めるといきさつは複雑だし、こうした事実以外にも、山本が危険人物であることを鳥栖署に何とかわかってもらおうと妹や内縁の夫が独自に調べていた、山本周辺の失踪事件や金銭トラブルのいわゆる「噂話ネタ」も多くあった。遺族はまだ取材を受けるか迷っていたが、私たちはいつでも動き出せるように空いた時間を見つけては人物相関図や時系列を整理する作業に勤しんでいた。

「もう少し取材の人数を増やした方がいいですね」

私は記者室で不格好な人物相関図を眺めながら西川さんに言った。

私たちの頭には「ある人物」の顔が浮かんでいた。

「どした？　こんなとこに呼び出して！　なになに？　2人とも真面目な顔して！」

飄々《ひょうひょう》とした感じで報道フロアの会議室に現れたのは、報道部で内勤のディレクターをしている木村慶《きむらけい》だ。慶さんは元々フジテレビの社会部で働いていたフリーのディレクターで、出身が福岡ということもあり、2年前からTNC報道部に新戦力として加わっていた。

フジテレビ系列の事件記者でこの男を知らない人がいるとすれば、その記者のいる地域は殺人事件が起きない平和なエリアなのだろう。全国ニュース級の事件が起きれば必ずと言っていいほど取材班に入り、SNSを駆使して事件に関連する投稿や動画を見つけたり、ネットを通じて取材対象者を見つけたりしては交渉する能力に長けている。いわば「地回り空中戦」のスペシャリストだ。

それでいてかなりマメで、ＴＮＣが工藤會（全国唯一の特定危険指定暴力団）の特集を組んだ時には会社のアーカイブをすべて見返して組織の史実をまとめ上げるという、何ともマニアックな仕事を進んで引き受けたりもする変人だ（その時の特集はYouTubeで再生回数が１００万回を超えているものもある）。

慶さんに事件のあらましと現状を伝えると、みるみるうちに顔つきが変わった。

「相当大変になるね……みんなで頑張ろうや」

そう言うとすぐ我々の取材メモをかき集め、年表づくりに取り掛かった。

また、複雑なこの事件をわかりやすい構成に仕上げるためには、記者からあがってくる原稿を放送用に手直しする〝信頼できるデスク〟の存在も重要だ。

そこで海外特派員やドキュメンタリー制作も経験した最年少デスク・永松裕二郎《ながまつゆうじろう》に声をかけた。永松デスクは入社以来報道一筋。ことあるごとに飲みに連れて行ってくれ、若手の気持ちを汲んでくれる私たちの兄貴分的存在だ。

さらに、遺族の心理的負担を考えてカメラマンは常に同じ人がいいだろうという判断から、取材中に気になったことがあったら記者に負けじと相手に質問するような熱いカメラマン・青野寿俊《あおのひさとし》を招聘《しょうへい》。

ここに「太宰府事件取材班」が結成された。

しかし、翌2月。社会は一変する。新型コロナウイルスだ。

テレビ西日本も他局と同じく、日本中で猛威を振るうこの正体不明のウイルスによって、社会が大混乱に陥る様子を報道することに日々追われることとなった。

その一方で、緊急事態宣言の発出で人が出歩かなくなったために、事件・事故の発生は激減。それによって奇しくも取材班の作業は捗《はかど》った。思わぬ誤算だったが、おおよその年表が整理でき、事件の輪郭がようやくつかめてきた。

いつもなら世間は花見のシーズン。花見客を失った桜がそれでも満開に咲き誇ったこの頃、事態は動き始める。

遺族の心境はここまでずっと、揺れ動いていた。

鳥栖署に相談を繰り返していたのに取り合ってくれなかったのはなぜなのか、という怒りは、おさまるどころか日に日に増している。

一方で、いまや続報を打つ報道機関もないことから、太宰府事件への世間の関心は薄らいでいた。瑠美さんを失った悲しみが癒えることはないが、ニュースをはじめとする周囲からの注目が逸れることで、徐々に平穏な「日常」に戻りつつあるのは事実だ。

怒りを原動力とした「この事実を誰かに知ってほしい」という思いと、「そっとしておいてほしい」という思いが交錯していた。

悲しいかな人間の記憶というものは、時間の経過と共に薄らいでいくものだ。瑠美さんの事件も時間が経つにつれ世間からもっと忘れられてしまうだろう。

だからもし報道するとしたら、一日でも早い方がいいと私たちは思っていた。


でも私たちは、待った。

警察の杜撰な対応が事実であるならば、あまりにひどいのは明白だ。しかし、瑠美さんの悲劇から時間が経過したのに、遺族たちは事件のことを思い返さないといけない。また、もし警察を追及するのであれば、我々報道の人間と一緒に警察を糾弾する覚悟を持たなくてはいけない。周囲の人間は〝色々な目〟を向けてくるだろう。せっかく少しずつ「日常」という凪《なぎ》の状態になってきているのに、自ら嵐の中に飛び込み強い風に逆らいながら歩かなければならない。

事件を蒸し返して取材が始まれば、明らかに遺族が今よりも大変な状況になるのは目に見えている。それを知っているからこそ、一方的に「報道します」なんて決めずに遺族に寄り添い続け、遺族自身が決心するのを待ったのだ。

遺族も取材を受けるとなったら大変なことが待ち構えているのは理解しているだろう。でも、それさえも吹き飛ばすものがあった。

瑠美はなぜ死なねばならなかったのか。

鳥栖署はなぜ動いてくれなかったのか。

そもそも綾部巡査長は関係部署に連絡を入れていたのだろうか。

やっぱり佐賀県警は許せない。


「取材を受けます」

隆さんが、妻の瑠美さんが徐々に変貌していった経緯をカメラの前で証言する覚悟を決めた。また、あれほど「早く忘れたいから取材は受けたくない」と話していた圭子さんも「西川さんなら信頼して任せたい」と、顔出しをしない条件で証言してくれるという。

取材班はその決心に沸いた。


事件から8ケ月が経った2020年6月。

「このままでは瑠美が浮かばれない。せめて非を認めて今後二度とこういうことが起きないように佐賀県警にはしっかりと反省してほしい」

遺族は生活安全課の対応に関する疑問点をまとめ、佐賀県警鳥栖警察署にその是非を問う質問状を提出すると同時に、本格的にカメラでの取材が始まった。

西川さんが2人のインタビュー取材をおこなうことになった。

その一方、私は事件の背景を知る「もう一人の重要人物」の取材を担当することになった。

向かった先は広島県三原市。

駅前の広場で落ち合ったその人物は、青野カメラマンが担いでいた大きなカメラにちらっと視線を向けると、緊張が増したのか体を何度か揺らした。

しかし、意を決したように私の目を見ると、

「僕のせいで妹が殺されたみたいなものなので……知っているすべてをお話しします」と口にした。

その重要人物とは、10年間も行方不明だった瑠美さんの兄・智一さんだった。

人の皮を被った化け物

国道沿いのビーチとは呼べないような狭い海辺を歩きながら、智一さんが遠くを指さす。

「あれが僕が事件の時まで働いていた造船所です。山本に実家との連絡を絶たされてから長

崎、三重、愛媛、広島と各地を転々としながら住み込みで働いていました」

約10年も行方不明となっていた智一さん。

事件の2ケ月前、瑠美さんの無心にやたらと智一さんの借金話が出てくるので、家族は鳥栖署に智一さんの行方不明者届を出していた。

そして事件の2日後、福岡県警が智一さんを広島で発見し、保護していた。

智一さんは波打ち際に転がっていた朽ちた木に腰掛けると、事件のきっかけとなった15年前の出来事を語り始めた。

「山本は中学校の2年先輩で、中学の時は挨拶をする程度だったんですけど、15年くらい前に再会して、飲みに連れてってもらうようになりました」


2人が再会したのは智一さんが24～25歳の頃。

地元・基山町の居酒屋で働いていた時に、客として店を訪れた山本と偶然再会した。それ以来、店に出入りするようになった山本は、仕事終わりの智一さんを久留米や中洲に連れ出すようになる。

山本は高価な酒を上機嫌に飲み、会計の時に「構わん構わん！　奢《おご》ってやる！」などと言い、羽振りは良かったという。

こうして1年ほど良好な関係は続いたが、ある日を境に山本の態度に変化が生じ始めた。

それは智一さんが働いていた職場の同僚が山本に借金をし、智一さんにその保証人になるよう山本が迫ったことがきっかけだった。智一さんはお金に余裕があるような暮らしを送っていたわけではなかったが、山本に、「保証人になるだけよ、あいつのことが信用できんと？」としつこく迫られ、最終的に保証人になってしまった。

これが地獄の始まりだった。

ある日、その同僚が夫婦で蒸発。同僚の借金50万円は智一さんの借金となってしまった。そこから山本の態度が豹変していく。

「奢ってやる」と言われていたはずのそれまでの飲み代も、「お前が金がないって言うけんあの時立て替えてやっとっただけ。その飲み代もきっちり払え」などと言われ、50万円に上乗せして請求された。

あまりに無茶苦茶な理屈に困惑する智一さんに山本は、「自分の父親は道仁会（久留米市に本部を置く指定暴力団）の相談役」と言って名刺を見せつけたほか、「暴力団幹部のマー兄」を登場させてさらに追い込みをかけた。

智一さんはこの頃から、山本の紹介で中洲のホストクラブで働かされていたが、その店に現れた2人は、店の従業員を公衆の面前で全裸にさせたり、ライターの火を従業員の体に押しつけたりしたという。自分がされたわけではなかったが、身の危険を感じるには十分な出来事だった。

結局智一さんは「奢りだったはずの飲み代」の借用書にもサイン。自力ではとても返せないほどの借金を背負わされ、絶対に逆らえない関係となってしまったそうだ。

「あんたが払いきらんのやったら親に払ってもらうしかない。あんたは何も心配せんでいいけん隣で黙って座っときって言われて実家に行ったんです」

これが圭子さんの記憶に残っていた、10年前に山本が実家を訪ねてきた出来事の真相だった。

生活のすべてを管理されていた智一さん。

「私があんたの面倒を見てやる。今後家族とは一切連絡取るな」と言われ、山本から指示されるがままに家族の前から姿を消して各地を転々としながら働いた。

そしてその間の給料、約4000万円のほぼすべてを山本に吸い取られた。

「これが僕の通帳です。本当に地獄でした。生きた心地がしなかった」

智一さんが見せてくれた通帳には、勤め先からの給料の振込は一切なく、ヤマモトミユキから月に2000円や5000円のお小遣いがランダムに振り込まれては、それを出金するというあまりに切ない記帳がされていた。

山本との間で交わされた当時のＬＩＮＥの履歴が残っていた。

「いまから仕事行ってきます」

「はい。頑張ってきてね」

「きょうは少し残業をしました」

「お疲れ様。明日も頑張ってね」

智一さんは山本から出退勤の連絡を送るよう命令されていたそうだ。

こんな風に毎日仕事ぶりを監視され、給料も根こそぎ持っていかれる。

私は思わず口から出そうになった言葉を胸の内に留めたが、智一さんがその言葉をすぐに口にした。

「奴隷ですよ。奴隷……」

気になったことを聞いた。

「自分の借金のことで、瑠美さんと山本が接点を持っていたことは知っていたんですか？」

「全く知らなかったです。だから事件のことを知った時に『なんで瑠美が山本と接点を持ってるの？』って驚きました」

証言から見えてきたのは山本の巧妙な手口だ。

山本はまず、智一さんに無茶苦茶な理由で借金を吹っ掛ける。そしてマー兄を登場させ

「絶対に逆らえない精神状態」に追い込むと、実家との縁を切らせて失踪したかのように見せかけた。

その一方で、妹の瑠美さん夫婦にも近づき「失踪した兄の借金を払わなければ実家にヤクザが行く」などと脅し、智一さんの借金名目で金を二重取りしていたのだ。

そして「この夫婦からはもっと搾り取れる」、そう踏んだと思われる山本は、隆さんの仕事の関係で家に一人になりがちな瑠美さんを罠にかけて家族から孤立させ、最終的には智一さんと同じく金のなる木にしようとしていたのではないだろうか。

というのも、同時期に行われた隆さんのインタビューで、瑠美さんの借金とされた「ホストクラブでの使い込み」について詳しく聞くと、元は山本から「マー兄が経営する店の接客態度を覆面調査する手伝いをしてくれ」と頼まれて、瑠美さんは断れず嫌々行っていたというのだ。

ホストクラブでの「仕事」は、２０１９年3月当初は週に1、2回程度だったが、日を追うごとに増えていき、5月から6月にかけては毎日山本に連れ回されるようになっていた。

瑠美さんはホストクラブにのめり込むような人間だったのかというと、そうではない。

元々はホストクラブなど全く興味のない人だった。しかし夫婦は兄の借金のことで色々なプレッシャーをかけられており、山本の指示に従わざるを得なかった（その後の取材班の調べで、マー兄が経営しているというのも嘘だったことがわかった）。

「仕事」と言われて行っていたのに、いつからか瑠美さんの飲食代は山本が「立て替えていた」という形になり、瑠美さんの「架空の借金」はどんどん膨れ上がっていったのだ。

その後、マー兄が登場して「金どうするんや？」と脅し始めるところは、まさに智一さんが嵌《は》められたのとほぼ同じ流れだった。

とは言うものの、瑠美さんと違って山本から遠く離れた場所で働いていた智一さんは逃げようと思えば逃げられたのではないか？


「どうして山本の指示に従ってしまったんですか？」

「……マインドコントロールされていたんだと思います。どこかで『お姉ちゃん』だと思ってたんですよね。慕っていたというか……ことあるごとに『あんたは大丈夫やけん！　何にも心配せんでよか！』って言われたりして親身になってくれたりとかしてたから。洗脳されてたんだと思うんですけど……。頼れるお姉ちゃんみたいな存在になっていました」

元凶は山本のはずなのに、マー兄という恐ろしい存在を別に立て、自分はその問題を解決する手助けをしてあげているかのように演じ切る。

この狡猾《こうかつ》な「二枚舌恐喝」こそが山本の手口だった。

4時間に及んだインタビューの中で、地獄だった10年間の出来事を一つずつ振り返っていった智一さんは、自身が受けた仕打ちや奪われた時間と金の大きさを改めて認識し、拳をぐっと握りしめてこう言った。

「山本たちには、10年間奴隷のような生活をさせられた自分や瑠美と同じ苦しみや痛みを味わわせてやりたいです……それができないのなら、せめて一生刑務所で苦しんでほしいです……」

智一さんは世間が少しでもこの事件に関心を持ってくれたらと、顔出しでの放送を望んだ。

この頃、山本美幸の周辺の取材も進んでいた。

山本美幸は1978年生まれの40歳。瑠美さんたちと同じ佐賀県三養基《みやき》郡基山町で育ち、中学校時代はカッコよく言えば「一匹狼」。友人はほとんどいなかったという。

同級生たちは山本のことを「強がる」「すぐ嘘をつく」と証言したほか「体育館の裏で一人シンナーを吸っている変な人」「誰も相手にしてなかった」など、良いことを言う人は一人もいなかった。

その後、専門学校に入るも中退、10代から久留米市で風俗嬢も経験し、事務職や介護職を転々としながら、20代の頃から無資格の貸金業を営んでいた。しかしその実態はただの「恐喝」だったようだ。

慶さんが見つけてきた20年近く前に恐喝の被害に遭ったという女性によると、この頃すでにヤクザとの関係を強調し、ありもしないトラブルをでっちあげて金を巻き上げていたという。

こうして巻き上げた金のほとんどは、久留米や中洲のホストクラブに消えていった。

中洲のホストたちの証言によると、界隈で「みゆ姉」と呼ばれていた山本の羽振りの良さは有名で、毎日のように色々なホストクラブに顔を出し、ホストをあちこちの飲み屋に連れ回しては派手に遊び、一晩で10万円以上使う日も珍しくなかったという。

その一方で、

「気に入らないことがあるとすぐに機嫌が悪くなる」

「新人はとてもじゃないけど付けられない痛客《いたきやく》」

「いつも手帳型携帯カバーの見えるところに道仁会と書かれた父親の名刺を入れていて『私のお守り』と言って自慢したり、自分の背後には暴力団がいると話していて正直めんどくさい客だった」

と少なくとも好かれてはいない印象だった。

そして、山本には複数の「金づる」がいて、金を巻き上げては中洲で遊ぶという生活を繰り返していたようだ。

そんな生活に今回の共犯者の岸が加わったのは2015年8月頃だった。

岸は1995年福岡県宗像市生まれで、高校中退後に建設業等の仕事を転々としていた。20歳の頃、知人の紹介で16歳ほど年が離れた山本と交際を始め、山本から渡される金銭で生活していたようだ。

この頃を知る智一さんの証言によると、岸は山本の運転手も務めており、山本の借金の回収に付いて行っては「債務者」を脅迫しながら、金を回収する手伝いをしていたという。

岸の周辺取材を進める中で、興味深い資料も入手した。

それは岸の戸籍謄本だ。そこには岸がなぜか瑠美さんの兄・智一さんの養子になっているという意味不明な状況が記されていた。

智一さんに聞いても「山本の言う通りにしていたので経緯はわからない」という。

「これはもっと闇が深そうだなぁ……」

ここにもからくりがあるのではないかと考えた我々は、勾留中の岸に弁護人を通じて手紙を送ることにした。

すると、岸は「戸籍の謎」について次のように答えた。

（岸颯の手紙より）

「被害者の方々を始め、その関係者たち、私たちに関わったことにより巻き込まれた第三者の方々には大変なご迷惑をおかけしたこと、深くお詫び申し上げます。

戸籍について簡単にご説明します。山本さんと松尾さん（原文は本名）は智一さんに対し借金の返済方法について怒鳴っており、その様子を見ていた私はあまりに理不尽な内容であったた為我慢できず話に割って入ると、矛先が私に向き『お前が代わりに１０００万用意しろ』と言われ、私が智一さんの代わりにお金を集めることになり、その流れで戸籍のつながりができたわけです。やり方は山本さんの指示によるものですが、具体的な内容は法律に触れるため言えません……」

あくまでも岸曰くだが、山本は智一さんからもっと多くの金を取るために「戸籍の操作」を指示し、法に触れるやり方で金を生み出していたというのだ。

さらに、手紙には山本に対する恨み節が書き連ねられていた。

「私は2015年8月から4年間、一番身近で山本さんの行動を見てきました。なので山本美幸がどういう人間か誰よりも理解しているつもりです。山本さんと交際に至った経緯ですが『好きです。付き合ってください』と始まったわけではなく、『兄貴』などの暴力団関係者をちらつかせ、逃げ道をつぶされ、半ば強引に一緒にいることになったというのが正確な答えになります。今回私も恐喝で逮捕されていますが、結果から申し上げますと『認めません』。私は山本さんからそれらの金銭や品物を受け取ったことはなく、そもそも彼女は渡すような人間ではありません。山本さんは自分の気に入らないことがあると自分の背景に暴力団がいることを匂わせ、謝罪を強要し、お金での解決を求めたりします。

今までやってきた事がどれだけ悪質か本人が理解しているため、絶対に罪を認めず保身しか考えないでしょう。マスコミの質問に対しても好き勝手答えていると思います。ですが、言われっぱなしというのも嫌なので、これだけは言わせてもらいます。私が知る『山本美幸』という人間は『人の皮を被った化け物』ですよ」

智一さんが「岸が債務者を暴行する姿を見た」と証言していたので、岸の「巻き込まれただけで自分は無実」という証言は眉唾ものだが、裁判で「無罪」あるいは「山本の指示でやった」と主張するつもりなのはわかった。

一方、山本にも手紙を送ったが返信はなかった。しかし、本人と面会をした弁護士を通じて山本は、

「瑠美を妹のような存在だと思っていた。もちろん暴行なんかしていない。岸が暴行しているのは見たことがあるが、私は関与していない」

こう回答した。

異例の特集

「俺は絶対に直撃するべきだと思います」

夕方のニュースのオンエア前、記者や内勤、デスクが慌ただしく走り回る報道フロアを尻目に、めずらしく西川さんと揉めていた。

「塩塚、気持ちはわかるけど、これはよく考えた方がいい」

議題は「テープ起こし発言」をしたとされる綾部巡査長に直撃インタビューをするかどうかだ。西川さんは諭《さと》すようにこう言った。

「あくまでも個人じゃなくて組織の対応を問題視してるわけやん？　それをイチ巡査長に背負わせかねないのは危険だと思うけどな」

「いや、それでもこの件は『言ったか言ってないか』がすごく重要です。しかもここの真偽を本人に確認しようともせずに、一方の話だけで報道するのは逆に卑怯でしょ」

　事件の取材は順調に進んでいる。取材班が立ち上がった当初は、夕方のニュース番組「ももち浜ストア特報ライブ」での特集企画として3日間放送する予定だったが、広島取材など遺族へのインタビューで幅が広がったこともあり、5日間ぶち抜きで異例の特集を組むことがすでに決まっていた。

　2人が考えた大まかな構成はこうだ。

　1日目は事件を俯瞰する。事件を忘れている視聴者も多いはずだ。複雑に入り組んだ人間関係が背後にある今回の事件を、視聴者にまず理解してもらうことが狙いだ。

2日目は事件のきっかけとなったのは実は瑠美さんの実兄だった、という話に決めた。今回の事件の発端となったのが、山本が瑠美さんの実兄と再会したことだったので、そこに焦点を当てて10年前に遡りながら丁寧に事件を振り返る作りにする。

3日目は山本美幸にフォーカスを定める。いかに山本が残忍かつ狡猾な手口で金を掠《かす》め取り、瑠美さんや多くの被害者を罠にかけていったか。また、生い立ちやマー兄との恐喝手口にスポットを当てる。

こうして山本ら加害者側にフォーカスを当てた後、4日目は鳥栖署に話を切り替える。この事件、実は遺族が鳥栖署に何度も相談に行っていたにもかかわらず、警察がまともな対応をしなかったことが取材で判明したことを流す。

山本ら悪党による一家を飲み込んだ残忍な事件だと思っていたら、その裏では警察もとんでもなかったというこの事件の核心を描く。

そして最終日には、なぜ瑠美さんは亡くなったのか、本当は助けられた命だったのではないか、など警察の杜撰な対応を検証することに決めた。

しかし、私の中でずっと心に引っ掛かっていたのが「テープ起こし発言」だ。

確かに11回の相談対応の中で、日々悪化している状況を伝え続けたにもかかわらず、事件性を見抜けなかったことは警察の圧倒的な能力不足だと思うし、遺族が怒るのも当然だ。

その一方で警察が即座に「事件だ」と動くことが難しかった事案であることも確かだ。

そこは山本の巧《うま》さと言わざるを得ないのだが、相談内容を見ていくと、「その対応は一発でアウトです」と断言できるのは、「被害届を出したいなら罪に当たると思う部分にわかりやすく印をつけて持ってきてください」という綾部巡査長の一連の発言くらいだと思っていた。

しかし、肝心のその発言の録音は残っていない。

もちろん隆さんと富田さんの証言を嘘だとは思っていないが、記者としてここは冷静な目で客観視しなければいけない。

この報道をすればどのみち、多くの人の人生が変わる。

遺族はもちろんそうなのだが、この件に関わった警察官の今後のキャリアにも大きな影響をもたらすだろう。であるならば、せめて我々が確信を持たなければ放送すべきではないと考えていた。

「そりゃ俺も『この件はすべて綾部が悪い！』なんて言うつもりはないですよ。実際に動かなかったのは上層部の判断があったと思いますし。でも特集をやるからには調べ尽くした上じゃないと、俺はこの件を背負い切れません」

実はこの頃、西川さんの人事異動が内示されていた。異動先はＴＮＣの東京支社営業部。

主に関東に本社を置く大企業を相手にビジネスを行う東京支社営業部は、全社売り上げの６割を担う花形で、コロナ禍によって大きく売り上げが減少する危機的状況の中、西川さんに白羽の矢が立ったのだ。そして西川さんの後任として、私がこの取材班の責任者となる。

宮崎局長が営業セクションに掛け合い、着任日を1ケ月先延ばしにする異例の措置が取られてはいたが、遺族の質問状に対する佐賀県警の回答がまだ来ていない以上、特集の放送は確実に異動前には間に合わないだろう。

責任者になるからには、中途半端なものは絶対に作りたくなかった。

「……わかった。とりあえず直撃は鳥栖署がどう回答するか次第で判断しよう。でもそのための準備だけはやっとこうか」

激論の末に結論は先延ばしとなったが、私たちは残り少なくなった時間の中ですぐに動き出した。

直撃に必要な準備とは、綾部巡査長の面割りとヤサ割りだ。

面割りとは「この人物が本人だ」という確認のことで、ヤサ割りとは自宅の特定のことだ。なぜこれが必要なのかというと、警察署や裁判所などの官公庁の敷地では許可なくカメラを回すことが基本的に禁止されているので、その中で直撃することはできない。かといって「太宰府事件の件で綾部巡査長に取材をしたい」なんて間抜けな取材申請を出しても通るわけもないので、綾部巡査長が住む家の近所で直撃した方が良いと判断した。

と言っても面割りとヤサ割りは容易ではない。佐賀県内で3本の指に入る大きな警察署である鳥栖署から出てくる大勢の中から綾部巡査長を特定し、さらに追尾をして自宅を割り出すのはかなりの労力が必要だった。

鳥栖署の前には警察車両や署を訪問する一般車両用の大きな駐車場がある。その駐車場に停めた車の中で西川さんと真理さん、さらに、駐車場の入り口から通りを挟んだスーパーマーケットの駐車場に停めた車の中で富田さんと青野カメラマンがカメラを構えて待機した。スーパーの駐車場から署の入り口までは直線で約100メートル。望遠レンズを使って鳥栖署から出てくる人間の顔をひたすら観察する、という途方もない張り込みがはじまった。

このなかで、綾部巡査長の顔を知っているのは真理さんと富田さんだけだったが、

「あの顔を忘れるわけがない」

そんな静かな怒りに満ちた2人の記憶力だけが頼りだった。


「この人です！　この人が綾部です！」

そう真理さんが叫んだのは、張り込み開始から4日目のことだった。

西川さんが急いで真理さんの車を降り、駐車場へ向かう綾部巡査長のあとを追う。

自家用車に乗り込んだ綾部巡査長を見届けるや「白の軽自動車！」と一報を入れると、青野カメラマンの車が綾部巡査長の車の追尾を開始する。

付かず離れずの距離感を保ちつつ片側一車線の国道を走る。もし途中で赤信号に引っ掛かったりして置いていかれれば、またイチからこの作業を繰り返すことになる。緊張感が漂う

中、走ること約40分。綾部巡査長の車はアパートの駐車場に吸い込まれ、無事にヤサ割りも完了した。

青野カメラマンが捉えた綾部巡査長の顔は、いかにも真面目そうな若手警察官というものだった。彼も今回のことについてはきっと後悔の念を抱いているだろう。

取材班の面々はその顔を眺めながら、できれば直撃をしなくていいような「鳥栖署の正直な回答」が出ることを祈った。

一方その頃、私は特集の映像づくりに全神経を集中させていた。

当たり前の話だが、テレビの番組は映像がないと成立しない。しかし「事件モノ」というのはそもそも素材が少なく、画《え》を作るのに手間と労力が非常にかかる。

頑張って集めたとしても現場の映像や警察署の外観、被害者と被告らの写真、遺族や関係者へのインタビューぐらいしか揃えられないので、それだけで5日分の特集に耐えうる映像を作ることは不可能に近い。

そこで今回取り入れようと考えた手法が「再現ドラマ」だ。

証言や証拠などから瑠美さんや家族がどのように巻き込まれていったのか、役者等を使って再現する。しかし、普通ニュース番組で再現ドラマという手法はとられない。なぜなら演技によっては脚色が入ってしまい、事実から離れてしまうと考えられているためだ。

部内では当然そのことを懸念する意見も出た。しかし、この事件に関しては10年にわたる複雑な背景を視聴者にわかりやすく伝えられなければ何の意味もないと、私たちは一歩も引かなかった。

最終的には、「事実と違《たが》わぬように忠実に再現する」という条件で了承を得た。きっと私がカメラマンとディレクターの経験がある特殊な記者だったから出た判断だと思うが、こうなることを見越して画づくりを私に任せていた西川さんはさすがだった。

しかし、あくまでもニュース番組の中の一特集。予算などあるはずもない。

主要人物には古江部長のツテを使って地元劇団の役者に依頼できたが、それ以外のキャストは演技経験なんかない若手記者たちだ。ロケ場所も古江部長の実家や慶さんの馴染みの焼き鳥店にお願いするなど、とんでもなく低予算の再現ドラマが完成した。素晴らしい！　と称賛できるような出来ではなかったが、ローカル局が行う異例の特集の輪郭が徐々に見えてきた。

残るピースは「鳥栖署の回答」のみ。

この仕事をやっていていつも不思議に思うのだが、ヤマはいつもこういうタイミングで動く。

まるでこの時を待っていたかのように、遺族から西川さんに連絡が入った。

「あすの夕方、質問状に回答すると佐賀県警から連絡が来ました」

ついにその時が来た。

佐賀県警は一体どういう回答を出すのだろう。

非を認めるのか。認めるとしてもどんな形で？

遺族が納得できる回答なのだろうか。

すべてのピースが揃う日。取材の今後を大きく左右する日。

また、私にとっては、西川さんからバトンを受け継ぐ日でもあった。

謝罪

２０２０年７月18日午後６時。

鳥栖署の前に隆さん、圭子さん、真理さん、富田さんが勢ぞろいした。４人全員と顔を合わせるのは、昨年末の納骨堂での初対面以来だ。

「向こうが回答を始める前に、断りを入れてからボイスレコーダーで録音してください」とお願いし、署に入っていく４人を西川さんとそっと見送った。

遺族が鳥栖署に送った質問状の概要を整理しておく。

何度も警察に相談しに行ったのに、何の対応もしてくれず、最終的に瑠美は命を落とした。担当した生活安全課の綾部巡査長は、相談する度に関係部署への引き継ぎや情報共有をしていると言っていたが、家族が関係部署の担当者に直接話がしたいと言っても、2ケ月以上期間があったにもかかわらず、最後まで一度も関係部署の担当者と直接話す場を設けてくれなかった。本当に関係部署に共有はされていたのか？

また綾部巡査長の提案で、兄・智一の行方不明者届を出したが、瑠美が亡くなるまで進展はなかった。しかし、瑠美が亡くなった後に福岡県警に同じ内容を伝えると、智一の居場所がすぐにわかった。同じ情報を提供しているのに、なぜこのような違いが出るのか？

２０１９年8月27日に山本らが瑠美を引き連れて実家に押しかけた際、鳥栖署の警察官に出動してもらったが、その時山本らが実家の玄関に入ってきており、その件に関して不法侵入などで被害届を出せないかと相談したら、被害届を出すには当たらないと断られた。

しかしこの件を後に福岡県警に相談したところ、該当すると言われた。なぜ県警によって方針が違うのか？

また9月21日から25日にかけて、隆が山本や松尾らからの恐喝・脅迫電話を受け、警察に相談した際に、指示通りに受電の場所を守ったり、相手との会話を録音するなど証拠集めをおこなったにもかかわらず、被害届を不受理にしたのはなぜか？

証拠（録音データ）の提出をおこなおうとした際、綾部巡査長から隆に対して、テープ起こしをおこない、何時何分にどのような内容（脅迫・強要・恐喝）か分類をおこなうよう指示された。これをしないと被害届が出せないと言われたが、他の県警ではそのようなことはないと言われた。被害者がこの作業をおこなわなければならないのか。

これらのことについて、鳥栖警察署に納得のいく回答を求めていた。

佐賀県警側は内部調査をおこなった刑事部の武田《たけだ》管理官（仮名・警視）、鳥栖署の高村《たかむら》刑事官（仮名・警視）、綾部巡査長の直属の上司である鳥栖署生活安全課の長崎《ながさき》課長（仮名・警部）が出席。しかし「対応は個人ではなく、警察という組織でしているので」という理由から綾部巡査長は出席しなかった。

佐賀県警がなぜこの場に幹部クラスの人間を揃えてきたのか、これには伏線がある。

実は瑠美さんの妹・真理さんの内縁の夫である富田さんは、瑠美さんが亡くなった後、鳥栖署に最悪の結果になったこと、そしてこの結果をどう捉えているのか、一度綾部巡査長と話がしたいと電話で連絡を入れていた。結局、綾部巡査長からの折り返しはなかったのだが、その電話を受けて当時の対応に不備はなかったのか、県警内で確認作業があったとみられる。

そしてその後、正式に鳥栖署に質問状が出されたので、過去に監察官（市民から警察官の職務怠慢や不正などの申告を受けた場合、調査や点検を行ったりする役職）の経験があった高村刑事官や、本部の武田管理官を中心に調査がされていたのだ。
高村刑事官が瑠美さんへのお悔やみを言うと、調査結果を静かに話し始めた。

高村「警察の相談対応は、相談に関する訓令・規定に基づいて行っています。相談を受けたら報告書を作ることになっているんですけれども、その上がってきた報告書に基づいて署長が『これについてはどこの課で対応しなさい』と指示を出します」

高村刑事官は言葉を慎重に選びながら続けた。

高村「今回、綾部が作った報告書は、その中身が薄っぺらくなっていた部分もあったりして、署長まで報告する中で、高畑さんたちがこれだけ訴えているのがなかなか伝わっていなかったのかなと。なので、相談回数が頻繁で多いやないかとか、最初は家庭内トラブルみたいな話だったのが恐喝の話が出たりとか、だんだん事件性が高くなっているじゃないかというような判断が報告をされる中でできていなかった、と言わざるを得ないと思います」

佐賀県警側の説明はこうだ。

相談を受けた職員は、相談内容がどういうものだったかを「報告書」に記載する。その報告書は各担当課の課長や刑事官、副署長などの決裁を通って最終的に署長まで回されるのだが、今回、綾部巡査長が書いた報告書には遺族の訴えが詳しく書かれておらず、署として緊急性や事件性が判断できなかったというのだ。

また、何を訴えても綾部巡査長に「それは専門の係ができないと言っている」と言われるので、遺族が「綾部さんではなくその専門部署の人と話がしたい」と頼んだものの、それが最後まで叶わなかった点については、

高村「私が『なんで専門の係長に直接入ってもらわなかったのか』と綾部に問うたんですけど、『頼みきれなかった』と。『自分が聞かなきゃって思ってました』と。『それは良く言えば責任感が強いかもしれんけど、一歩待たせるよね』という話になりました。『周りからも声かけはなかったのか?』と聞いたら『それもなかった』ということだったので、それならば、周りのスタッフも全体として見えてないよねと」

自分が窓口ですと遺族に言った警察官は経験が浅く、刑事でもなかった。専門部署や上司への引き継ぎも甘く、周りのサポートも全然足りていなかった。その結果、瑠美さんが亡くなった――。

真理「組織でと言うなら、やってもらわないと安心できないです。警察に対して」
武田「おっしゃる通りです」
真理「何を頼ったらいいんでしょうか……警察の方はたくさんある殺人事件の一件だと思ってるかもしれないですけど、大事な家族が亡くなっているんですよね。どんだけ悲しいか。どんだけ悔しいか……」
富田「本人は足りないところがあったという自覚を持ってるんですか？」
高村「本人も持っています。自分は気配りが足りない。判断の知識も不足している部分もある。引き継ぎができていない。そういう諸々のミスですよね。その部分について『至らなかった』と反省をしています」

遺族だけでなく、警察幹部たちにもやりきれなさが漂っていた。

応接室に重い沈黙が流れる。

幹部2人は今回の件を次のように分析しつつ、改めて遺族に詫びた。

高村「綾部だけとは言えません。私たちが組織として配慮が足りなかったり、指導が足りなかったり、指示が足りなかったり、そういうところに問題があったと思います。関係幹部それぞれが全体を見渡して適切な指示ができていなかったのかなと。非常に申し訳ない。全体的に言えば、もっと皆さんに寄り添ったというか、思いやりが必要だったと思います。警察署としての本人の指導と、相談報告の在り方、諸々ひっくるめてしっかり対応できなかった、させることができなかったということで署としてお詫びをしながら説明させていただいた」

スーパーの駐車場の片隅で遺族の戻りを待ち続けること6時間。すっかり買い物客の車もなくなり、日付も変わろうとしていた頃、下を向いた遺族が署から出てきた。

「……どうでした？」

それぞれが渋い表情を浮かべている。その理由が隆さんから明かされた。

「一応の謝罪はされました。でも自分たちが思っているような回答ではなかったです」

「具体的にはどういうところが納得いかなかったんですか？」

「特にテープ起こしの件です。自分たちは綾部にはっきり言われたんですけど、綾部は『警察が行う作業の説明をしたつもりだった』と言っていると……」

遺族が一番引っ掛かったのは、我々も一番の問題だと考えていた例の「テープ起こし発言」だ。

先に言っておくが、ここは後々まで火種となり続けるので、今回の警察の弁明を一言一句記しておく。

高村「結論から先に言うと、綾部の説明が不十分だったんだろうと。被害届を出しに来られている方に、テープ起こしをしろとか事実判断をしろとか、どこの県警でも一切ありません」

富田「言われましたよ」

高村「それは『こういう作業をするんだという意味で説明した』と」

富田「いいえ」

高村「その説明がダメぜ？　と本人にはそういう指導をしましたけど、本人は『高畑さんたちにテープ起こしをして持ってこいというつもりで言ったんじゃありません』という説明をしました」

つまり、「テープ起こしに関する話はしたが、あくまでも警察の業務の説明をしたつもりで、隆さんたちにしてこいという意味では言っていない」と本人は弁明している。

そもそも勘違いされるような不必要な説明をすべきではないと高村刑事官も指導したらしいが、遺族が聞いたものとはあまりにもかけ離れた発言になっていた。

隆さんは言葉を選びながらも怒りを隠さなかった。

「自分たちは聞いているので、はっきりと。なんで違うのかという思いが強いです」

大方の謝罪は受けた。それでもだ。

瑠美さんを救い出せる最大のチャンスだった、あの脅迫の被害届を出しに行った夜の最も重要なやり取りのことで、「あなたたちの勘違いですよ」とまるで遺族にも非があると言うかのような回答は到底承服できるはずもなかった。

今回、もし佐賀県警が、

「綾部の発言も含めて本当に申し訳なかった。すべて私どもが間違っていました。もっとやれることがあったはずなのに、それをやっていませんでした、それをやっていれば瑠美さんは助かったかもしれません」

と遺族に対して全面的に謝罪し、遺族が納得してその謝罪を受け入れていれば、我々も、

「事件前に遺族が11回も相談に行ったにもかかわらず佐賀県警は対応しませんでした。そして対応の不備を全面的に認めて遺族に謝罪しました」

というニュースと、こういうことを二度と繰り返さないためにはどうすればいいかという検証報道を行って問題提起をする。それで終わりだっただろう。

しかし目の前には、怒りと虚脱が入り交じった表情をした遺族が立ち尽くしている。

私はほんの2秒、瞼《まぶた》をそっと閉じた。
そしてひとつ息を吐いて西川さんの方を向いて、頷いた。
阿吽《あうん》の仲だ。
西川さんは自身が異動になり、塩塚が引き継ぐと遺族に告げた。
これからは遺族の思いや様々な感情を一人で背負うことになる。
責任という名の重圧ももちろんある。そしてこの先はきっと険しい道になる。
それでも、
「悔しくてたまらないです。塩塚さん、力を貸してください」
そんなことを言われた私は、全身全霊をかけて一緒に戦おうと覚悟を決めた。

Xデー

「来た来た！　ギリギリ間に合いましたね。僕がすることになるかと思って内心ひやひやしてましたよ」

8月に新しく取材班に加わった後輩記者の藤野《ふじの》から、TNCのロゴが刻まれたハンドマイクを受け取ると、青野カメラマンとマイクチェックをしながら、外灯も何もない真っ暗な駐車場の隅にしゃがみ込んだ。

「俺もさすがに間に合わんかと思った。よりによって今日だけ早いんだな」

「もういつ来てもおかしくないですよ」

ついにその時がやってくる。

綾部巡査長に直撃した瞬間、TNCがこの事件を追っていることが佐賀県警にも知られる。もうまもなくやってくるその瞬間が、今回の調査報道の大きなターニングポイントの一つになることは間違いない。

また、こっちは綾部巡査長が実際にどんな人物で、どんな性格かもわかっていない。この取材後、相手がどんな行動を起こすかもわからない。

でも、やると決めた。

その時、遠くから2つのヘッドライトの光が迫ってきた——。

西川さんが東京へ旅立って1ケ月。

警察班を卒業し、太宰府事件取材班専従となった私は5日間の特集を制作するため、橋本《はしもと》謙二《けんじ》編集マンと編集室に籠もりきりで作業をしていた。

捜査一課担当だった水谷は、太宰府事件の裁判に備えて司法担当記者に担務変更となり、その後任として北九州支局から入社5年目の若手記者・藤野龍太《りゅうた》が赴任した。

藤野は北九州支局で2年間一緒に仕事をした相棒だ。支局には記者が3人しかおらず、それぞれの年次でどのポジションに就くかは決まっていて、一番上の先輩が行政担当、下の2人が警察担当を任せられる。警察担当でも先輩が特定危険指定暴力団・工藤會を捜査する北九州地区暴力団犯罪捜査課（通称・北暴）担当で、後輩が署まわりを担当することになっており、私が工藤會、藤野が署まわり担当だった。2人しかいないだけに数々の殺人事件や工藤會事件の取材でタッグを組んで来た。

警察取材はピカイチ。それでいて「街にこんなすごい人がいます！」みたいな柔らかいネタもしっかり拾うし、VTR制作も上手い。昼飯の時に財布を出さないところだけ少し腹が立つが、そんなところも含めて一番可愛がっている後輩だ。

藤野を加えた取材班は佐賀県警の回答を受け、改めて綾部巡査長への直撃をするかどうか思案していた。

西川さんの「個人ではなく組織の責任を追及しているわけであって、権限もない一巡査長を追い詰めかねない直撃には反対だ」という意見は痛いほどわかる。

実際に高村刑事官も「綾部だけでなく組織の在り方の問題」と言っていた。

だが、「申し訳ない」と警察は言ってはいるが、それはあくまでも対応全体の話だ。テープ起こしに関しては「そういう意図で言ったつもりではない」と、あたかも遺族サイドが誤解したかのような口ぶりだった。

では綾部よ、本当のところは一体どうなんだ、と。

難しい判断になるため、宮崎局長にも相談してみた。

自分は直撃すべきだと思っている。でも西川さんの言うこともわかるから悩んでいる。そう伝えると宮崎局長は、

「お前はどうして直撃が必要だと思ってるんだ?」

そう本心を探ってきた。

「テープ起こしの指示の件は証拠もないのでどちらが本当のことを言っているのか真実は藪《やぶ》の中です。でも遺族の主張が正しいとすれば、綾部は調査に対して嘘をついていることになります。となると、本人に直撃しなければ白か黒かはっきりさせられません。それと僕の中では本人に直接確認を取ることを試みずして、一方の意見だけを汲んで放送します、というのは卑怯だと思っています。もちろん話を引き出せるかどうかはやってみないとわかりません。でもそこを避けて『みなさん、この綾部巡査長っていうのは一般市民にテープ起こしをしろ、と指示を出したんですよ』と放送すること、それはしたくないと思っています」

そこまで強い信念があるなら直撃すればいいじゃないか、という宮崎局長に、

「ただ、一巡査長にそこまで背負わせるのはどうなんだという西川さんが言っていたことも

わかるんですよ」

と言うと、

「うーん。西川の言うこともよくわかる。お前の言うこともよくわかる。でも、報道するためにはこの直撃が必要だとお前が思っているなら俺はやるべきだと思うよ。もちろん直撃の方法とかは考えないといかんけどな。万が一、何か問題が起きたとしても、俺は絶対お前個人に背負わせるようなことはしないから。やるべきと思ったことをしっかりやってこい」

と言ってくれた。

元々新聞社でバリバリのスクープ記者だった宮崎局長がTNCに来たのは1年前。まだ月日は浅かったが、普段の姿勢から取材当事者の記者の意思を尊重して「任せてくれる人」という印象が強い。

皮肉にも綾部巡査長とは違って恵まれている自身の境遇に感謝しつつ、直撃を決めた。

こうした懊悩《おうのう》の日々を経て、綾部巡査長への直撃取材の日を迎えていたのだ。

ところがその日はタイミング悪く、コロナ禍で延びていた担当特集が放送されることになってしまった。しかもその特集は、最後に自分がスタジオで解説する、という構成で台本を作っていた。自分で自分の首を絞めるとはこのことだ。

その特集とは、当時プログラミングが小学校で必修科目になるということで、小学生が通う街のプログラミング教室でどんなことをやっているのかを私が実践レポートするという柔らかいネタだ。よりによって、どうしてこの日に……。

直撃の日程をずらしたいが、この日を逃すと次いつチャンスが巡ってくるかわからない。悩んだ挙げ句、とりあえず藤野と青野カメラマンだけで鳥栖署に向かってもらい、いつものスーパーの駐車場で待機してもらうことにした。


夜7時。生放送のスタジオ解説が終わると、荒れた肌が画面に耐えられるように塗りたくられたメイクも落とさず、タクシーに飛び乗ると藤野に電話をかけた。

「今からそっち向かうね！　高速使えばそっちまで40分ぐらいだから」

そう言って電話を切り、焦る思いで鳥栖署へと急いだ。

「塩塚さん、綾部が出てきました！」

藤野からの電話が鳴ったのは、鳥栖署まで残り3分ぐらいのタイミングだった。

「マジか……。俺、追いつけないかもな……」

思わず唇を噛む。

「藤野！　とにかく追いかけて！」

マズい。このまま直帰されると私は間に合わない。焦る気持ちを抑えながら、

「もし綾部が直帰しちゃったらお前が直撃して！　俺が間に合わなかったら頼む！」

「……わかりました。けど何とか追いついてくださいよ！」

突然、責任の重い役割が降ってきた藤野の口から思わず本音がこぼれた。

藤野と青野カメラマンは途中で綾部巡査長の車を見失ったようだが、2人が綾部巡査長のアパートに到着すると、綾部巡査長の車はまだ停まっていなかった。

家の近くで待つようにと指示を出し、その数分後に私も合流した。

綾部巡査長の車はまだない。間に合ったのだ。

おそらく途中で寄り道して晩飯でも買っているのだろう。

刻々とその時が近づいていた。

私と藤野と青野カメラマンは車の陰に潜み、綾部巡査長が現れるのを待った。

鼓動がどんどん高まっていく。

藤野から託されたマイクを握る手が汗ばんでくる。

わずか数分後。綾部巡査長の車がアパートの駐車場に現れると、ヤサ割りの情報通りの場所に車を停めた。

今だ。

降りてきたタイミングを見計らって、驚かせないようにゆっくりと車に近づく。

「こんばんは。ＴＮＣ報道部の塩塚と申します。綾部巡査長ですよね？」

「はい」

「高畑瑠美さんのことでお伺いしたいことがありまして」

「これ（カメラ）映ってるんですか？」

激しく動揺しているのがわかる。

不必要な圧がかからないように丁寧な言葉で取材をお願いする。

すると綾部巡査長は「私は取材は受けません」と言ってなぜか車の中に戻ってしまった。

蒸し暑い夏の夜だ。若干窓が開いている。何をするわけでもなくただ運転席に座っている綾部巡査長にその隙間から聞こえるように私は静かに質問を始めた。

「遺族はあなたにテープ起こしを求められたと主張しています。でもあなたは、遺族に求めたのではないと調査に答えてますよね？　でも遺族の2人は『どこが罪に当たると思うのか印をつけて持ってきてください』と言われたと断言しています。本当のところはどっちなんですか？」

「…………」

綾部巡査長は動揺からか視線を逸らし続ける。私は続けた。

「遺族はどうして瑠美さんを救うことができなかったのか、答えを知りたがっています。それに、もっとやれることがあったのではないかと自分たちを責めてもいます。あなたもそうなんじゃないですか？」

綾部巡査長の目が泳いだ。

遺族説明の場で「綾部巡査長は今回の件をどう受け止めている？」と聞かれた高村刑事官は、「彼もかなりショックを受けているようです」と答えた。

彼もまた、事件の日から今日までずっと良心の呵責《かしやく》に苛《さいな》まれていたはずだ。

私は青野さんにカメラを下ろすようにジェスチャーをした。

もしかしたら家族の相談について上司から取り合わないように指示を受けていた可能性だってある。

この際、録画できなくてもいい。瑠美さんの死について思っていることがあるなら何でも話してほしかった。

「録画は止めました。カメラの前で言えないならそれでもいいんです。二度とこういうことが起きないように、何があったのか話をしましょう」

強張っていた表情が少し緩んだ。

しかし、5分、10分が経過しても車内に留まったまま質問に口を開かない。

「調査では一連の対応について『至らなかった。反省している』って答えたんでしょ？　遺族はあなたから直接お悔やみの言葉と謝罪を聞きたかったと言っていました。もし、それからも逃げてしまっては今後もずっと苦しむことになると思いますよ」

しばらく無言が続いていたが、徐々に〝何か意志を固めた顔〟に変化していくのが見てとれた。そして、突然ドアを開けると、

「私はこの件に関してもう調査に答えていますんで、絶対に話しません」

と目を合わせずに言うと、小走りにアパートの奥へと消えていった。

私たちはそれ以上追わなかった。

緊張の糸が切れて、どっと疲れが出た。


「終わったねぇ」

「終わりましたね」

アパートを離れながら、約20分の出来事をそれぞれ振り返っていた。

「あとちょっとやった気がするんやけどな」

「そうね」

そんなことを呟きながら、直撃シーンの助走で使えるように、真夏の夜の月の映像を撮っていると、だんだんと頭の中が整理されてきた。

直撃の状況、あの張り詰めた空気、漂う緊張感が蘇ってくる。

綾部巡査長の表情や息遣いは、脳裏に鮮明に焼き付いている。

虫の声しか聞こえないような平野の田舎道に座り込み、思い返す。

質問されていた時の表情、たった二言三言の中に感じた言葉の温度や湿度。

最後まで合わせようとしなかった視線に、逃げるように去った時の捨て台詞《ぜりふ》。

明確な根拠はないが、確信した。

「やっぱさ、あいつ悪いよ」

私は煙草の煙を吐きながらぼそっと呟いた。

「俺もそう思う」

「僕もいまそう言おうと思ってました」

青野カメラマンも藤野も同じくそう感じていた。

結局は何よりも自分を守りたいがための保身。自分と組織の面子《メンツ》を最も重要視した綾部巡査長は、揺らいだ心を完全に閉ざし、闇落ちした。

確かにこれは組織の問題だ。相談を主に受けていたのは綾部巡査長で、報告が薄っぺらかったことももちろん大きいが、「動かない」という決定は複数の管理職が目を通した結果、警察署としておこなったからだ。

それでも。

「至らなかった」ことを反省し、瑠美さんの死に「ショックを受けた」と調査官に話していた本人は、遺族にお悔やみを言うチャンスが今日までに幾度となくあったにもかかわらず、それすらしない人間だった。しかもそこに遺族が怒っていることを知りながらだ。

この直撃でよくわかった。

市民の命が失われようと、佐賀県警が守りたいのは自分たちの「面子」と「プライド」だ。

遠慮する必要は全くない。

なぜ瑠美さんが亡くならなければならなかったのか。

徹底的に調べて真実を明らかにしてみせる。

第2章
無謬主義の呪縛

反響

5日間の特集の映像素材のすべてが揃った。

そして綾部巡査長に直撃したことで、当然その日のうちに佐賀県警にもTNCがこの不祥事を追いかけていることが伝わっているはずだ。

そこで今度は、佐賀県警に対し、TNCから正式に質問状を出すことにした。

1. なぜ遺族が被害届を出したいと言っていたのに断ったのか
1. 同じ証拠を基に福岡県警は立件しているのに、佐賀県警では立件していない理由は何か
1. 隆さんに対する恐喝未遂事件に関して、鳥栖警察署は相談を受けたあと捜査をおこなっていたか？　もし捜査していなかったら、なぜ着手しなかったのか
1. 「録音テープの文字起こしをして、どれが脅迫・恐喝・強要にあたるか付箋を貼って持ってきてください」という趣旨の発言を、応対した警察官がしたと遺族は主張して

いる。そのような発言はあったのか

1. 山本被告らが遺族の家を訪れ、危害を加えそうな威勢を示しながら、警察官が到着しても一定時間退去しなかったにもかかわらず、なぜ立件しなかったのか？

1. 遺族と被告らとの間で頻繁にトラブルが起きていたことを事前に知りながら、具体的な対応を取らなかった理由は何か

1. 遺族は主に上記の理由で「鳥栖警察署がいずれかの相談の時点で対応をしていれば、瑠美は亡くならなかった」と主張しているが、佐賀県警としての見解はどうか

宛先は佐賀県警のトップ、杉内由美子《すぎうちゆみこ》本部長。

あとはその回答を待って、県警の正式な見解で特集を締めることにした。

すでに遺族には調査結果を回答していたため「質問状には3週間以内に返事を」という期限を切っておいたが、最初の期限を迎えた日に佐賀県警から、「今調査中なので回答期限を少し延期させてほしい」と連絡があった。

おそらく、こちらがどれだけ証拠を持っているのかわからないからだろう。取材班はそう推測した。

どこまでの部分を認めるか。謝罪するか。もし逃げ切れそうなところがあるならば、白《しら》を切り続けよう。そんな落とし所を探っているに違いない。ＴＮＣの仕込み刀はどれだけの切

れ味なのか、「調査しています」と言いながらこちらの出方をそんな風に探っている様子に見えた。

こちらが特集をオンエアするまで調査を引き延ばす算段で、その報道の内容を見て、県警に都合のいいような回答を寄越そうとするつもりかもしれない。


洗脳されている娘を救い出したい。

ヤクザから脅されている。

殺されるかもしれない。

そう鳥栖署に何度も訴え続けた遺族に対して、「事件性がない」と適当な対応をし続けた挙げ句、被害届も出させず、そうこうしている間に本当に瑠美さんは亡くなってしまった。

これにはさすがの鳥栖署も慌てただろう。

こんなことが世間に知れたらどうなるか、考えなくてもわかる。

だから我々がどこまで証拠を握っているのか、佐賀県警はその情報を喉から手が出るほど欲しいはずだ。


すでに編集はすべて終了していた。

佐賀県警が遺族に回答した日から不休で作り上げた、5日分のVTRをすべて見終わった宮﨑局長と古江部長は、何度も頷いた。

特集のタイトルは「すくえた命」。

「すくえたかもしれない」でも「すくえたはずの」でもない。

様々な取材から検証した結果、瑠美さんを救い出せたタイミングは何度もあった。それを佐賀県警の不作為でみすみす逃した。私は彼らが当たり前の仕事をしていれば、「救えた」と確信していた。また、このタイトルにはもう一つの意味を込めていた。

夫を愛し、献身的に支えた妻としての姿。

職場でも愛され、いきいきと働く社会人としての姿。

子どもたちをほぼワンオペで、懸命に育てていた母親としての姿。

私には、高畑瑠美さんという人間を形作っていた人格や尊厳が、山本たちの監視下に置かれ、洗脳され、暴行されるうちに、まるでドロドロの液体になって溶け落ちていったように思えた。

それを「掬《すく》えた」のに。という意味も込めて、タイトルはひらがなで「すくえた命」とした。

「もう県警の回答は待てない。やろう」

こちらの予想通り回答期限の2度目の延期を求めてきた佐賀県警に対し、取材班の中でそんな声が上がった。こうして特集は9月28日から10月2日にかけての1週間で放送することが正式に決まった。

放送日が決定すると、その特集を告知する15秒の番宣を流した。

普段ニュース枠の特集はせいぜい7分程度のものが多く、番宣もない。一つの事件に焦点を当てて5日連続で特集が組まれるというのは非常に稀だ。

この枠では通常、コロナ禍で困っている業界の特集や、いま注目の新しいサービスなど、政治、経済、事件や流行など幅広いジャンルのものが放送される。

その中でも今回は特に重たいテーマだ。

今回の特集は時間をかけて組織の不正に切り込んでいく「調査報道」というものなのだが、この調査報道をローカル局がやることはあまりない。体力が必要で、キー局ほど人も制作費も潤沢でなく、時間もかかる調査報道をローカル局が制作すること自体が稀だ。

2016年に富山県のローカル局であるチューリップテレビが、富山市議会の不正を暴いた調査報道の番組を制作して話題になったが、これは珍しいケースだ。

そんな調査報道をTNCの報道部がやろうとしている。15秒の番宣には私が綾部巡査長に直撃取材している映像も一部使った。

当然社内はザワついた。

「なんか報道が、えらいことをしようとしてるみたいよ」

そんな声があちこちから聞こえてきた。

小さい会社だから、私が今回の特集を担当していることは誰もが知っていて、「あれ、どんな話なん？」

と聞かれることが日に日に増えていった。


そして迎えた「すくえた命」初日。

キャスターの山口喜久一郎《やまぐちきくいちろう》、小野彩香《おのあやか》との打ち合わせを終えると、第1スタジオを後にしてサブと呼ばれる場所でオンエアを迎えた。

サブというのは副調整室とも呼ばれる場所で、色々な機器類を操作する部屋のことだ。よくテレビドラマなどで沢山の画面が並んでいて、スタッフが「キュー」と指示を出している場所といえば想像がつくかもしれない。


午後6時9分――。

東京から福岡のスタジオに画面が切り替わる。

「ここからは福岡のスタジオです。ももち浜ストア特報ライブでは今週5回にわたって、ある事件について特集でお伝えします」

山口アナウンサーが一人、ゆっくりと喋り始める。

ニュース番組なのに、冒頭から暗転にして山口アナにピンスポットを当てた。視聴者が、この重たい世界にすっと入ってこられるようにするための演出だった。

山口アナが、事件概要やなぜこの事件に注目したのかその背景を、VTRに入るまで丁寧に話していく。

10ケ月もの時間をかけた特集がようやく日の目を見る。

イレギュラーが多く起こる生放送のサブは、いつもは様々な指示が飛び交い騒々しい場所だ。ところがきょうは静まり返っている。ディレクターもタイムキーパーも照明も音声もみんな食い入るように、モニターを見つめていた。

VTRの残り時間を定期的に告げる〝タイムキーパー〟の声だけが静かに響く。

鳥肌が立った。

VTRが終わり、画面が〝スタジオ〟に切り替わると、番組コメンテーターである新聞社のデスクがあまりの衝撃に戸惑いをみせた。すでに多くのマスコミが報じなくなった事件の裏にあった真実は、安易に感想を述べていいほど簡単な問題ではないと身構えているようだった。

1日目「太宰府事件とは」

2日目「失踪させられた兄」
3日目「山本美幸という女」
4日目「届かなかったSOS」
5日目「警察の対応を徹底検証」

日を追うごとに反響も大きくなり、局には視聴者から驚くほどたくさんの激励が届いた。

「ひさしぶりにこんな骨のある報道を見た」

「ふざけた佐賀県警に負けずに頑張ってください」

「徹底追及するべき！　引き続き期待する」

「TNCを応援します」

また、VTRを文字にして全5回の記事としてネット配信すると、大手検索エンジンのトップトピックスにも載り、全国から応援メッセージが大量に届いた。

しかし、私が何よりも気にしていたのは遺族の反応だ。隆さんや智一さんは顔出しもしている。ネットには色んなことを言う人もいて遺族に攻撃的なコメントをしている人もいた。

これが取材を始める前に気にしていた「色んな目を向けられる」ということだ。

しかし、遺族は強かった。否定的な声はやはり気になると話しつつも、

「応援してくれる人の方が多いですから。そんなことよりも、ああいう風に私たちの気持ち

を汲み取ってくれて、しかも誰も傷つかないように作ってくれてありがとうございます」毎日のように電話でそんな言葉をかけてくれた。

これは本当に嬉しかった。

また、意外なところからも反応があった。

藤野が、福岡県警の幹部と話す機会があったそうなのだが、「お前らよくあそこまでやったね。どんどんやった方がいい」などと語っていたという。

その話を聞いて、「まともな」警察官ならやっぱりそう思うんだ。佐賀県警の今回の体《てい》たらくには同じ警察官として頭にきてるんだなと実感した。それほど佐賀県警の体質には問題がある。特集を通じて改めてそのことが浮き彫りとなった。

そして福岡県警からは「特集を当直責任者たちの教育教材として使ってもいいか？」という打診もあり、快くＯＫした。

特集の放送から約１ケ月が経った10月28日、遺族の取材を始めたあたりから休みなく働いた私は、色々なことが一段落したこともあり、１日だけ休みを取った。

ここ数ケ月、全く家族サービスをしていなかったこともあり、２人の子どもと妻を連れて博多湾の島、能古島《のこのしま》に遊びに行くことにした。

「本当にひさしぶりだよね、休み」

嬉しそうな妻とそんな会話をする。

娘は2歳、息子はもうすぐ1歳。なのに、仕事から全然帰ってこないという、令和の時代に逆行した夫婦像を体現してしまっていた私は、ひさしぶりの休日を家族で思いっきり遊んで過ごそうと思っていた。

季節の花が島の斜面に咲き誇り、動物たちのエサやりなどができる「のこのしまアイランドパーク」に着いてベビーカーを押して歩き始めた時。

私の嫌いなスマホが鳴った。

嫌な予感がした。

やはり会社からだった。

なんだ、ひさしぶりの休みの日に。どうでもいい内容だったら断ってやろう。

しかし、電話の向こうの永松デスクが開口一番こう言った。

「塩塚！　佐賀県警が回答を出すって」

「え？　回答ってどうやって来るんですか？」

「郵送」

「なら、明日でいいですかね？」

今日だけはお願いだから本当に勘弁してほしい。こんなのんびりできそうな休日は数ヶ月ぶりだというのに。しかしそんな期待はあっさりと裏切られる。

「佐賀県警記者クラブで今からレクをやるらしい。ウチはサガテレビからそのレクの内容を共有してもらって今日出稿したいけん。ごめんけど！」

こういう時に限って……。

私は妻に「本当にごめん」と頭を下げて、「え？　なんでパパ帰るの？」と悲しそうに言う娘にも謝り、後ろ髪を引かれながら島に到着して20分で帰りのフェリーに一人乗った。

妻は、私が定時で帰れるような仕事をしていないとわかっている理解者なのだが、さすがに今回ばかりは私のことを心配して「大丈夫？」と声をかけてくれた。


なぜサガテレビから情報をもらって、テレビ西日本がニュースを作るのか？　これは少々話が複雑だ。

福岡県にあるテレビ局は、ウチ以外は福岡と佐賀をエリアに持つ放送局なのだが、テレビ西日本は系列局のサガテレビがあるので福岡と山口が放送エリアなのである。

だから佐賀県警の記者クラブには入っておらず、県警にしてみれば、我々は部外者なのだ。

つまり、「あなたたちから質問状をもらったので調査しました。その結果ですが、記者クラブには口頭で説明をします。あなたたちには書面を郵送しますので届くのは明日になりますね」ということだ。

サガテレビの取材メモを見たが「やっぱりな」という内容だった。

我々が制作した5日間の特集が終わり、肝心の「録音テープを文字起こししろ」という部分の証拠音声がないことがわかり、「よし、これは逃げ切れる」と思ったのだろうと思える内容だった。

「ご遺族からの申し出を受けて調査しましたが、問題ありませんでした」

そんな主旨の回答。

翌日、報道部に佐賀県警察本部から回答書が郵送で届いた。

A4用紙たった一枚の回答書だったが、内容はそれに輪をかけてペラペラなものだった。

こちらが出した質問で、

「隆さんに対する恐喝未遂に関して、鳥栖署は相談を受けたあと捜査したのか？」

「山本らが遺族に危害を加えそうな威勢で自宅に乗り込んできたのに、警察官が到着しても山本らが家から出なかったのになぜ立件しなかったのか？」

「遺族と山本との間に頻繁にトラブルが起きていたのを事前に知りながら、具体的な対応を取らなかった理由は？」

という質問に対しては、事件性があるとは判断できない、住居侵入罪や不退去罪を問えないと結論づけ、こう結んでいた。

「当時、鳥栖警察署に対する一連の申出内容は高畑瑠美さんをめぐる金銭貸借のトラブルであり、高畑瑠美さんに直ちに危害が及ぶ可能性は認められませんでしたが、結果として高畑瑠美さんがお亡くなりになられたことは重く受け止めております。佐賀県警察としては、本件を今後の教訓としてまいります」

この回答書は、何も答えていないに等しい内容だった。こちらが質問した「遺族の被害届を何故断ったのか？」「同じ証拠で福岡県警は立件しているのに、佐賀県警が立件していない理由は？」「遺族は警察官から文字起こしを指示され、どれが脅迫、恐喝、強要に当たるのかわかるようにしてと言われたと主張しているが、そのような発言はあったのか？」等に関しては、一切回答してこなかった。

こういう内容でくるだろうなとはある程度想像がついていたものの、あの日遺族に対して幹部2人が何度も口にした謝罪はすべてなかったことにされ、「対応に問題はなかった」とひっくり返してきたことにはさすがに驚いた。

しかも、前日の記者クラブのレクを担当したのは、あの時、遺族に謝罪をした刑事部の武田管理官だというのだ。ここまで来ると、この組織は遺族の感情を逆なでするのがあまりに上手だと、開いた口がふさがらなかった。

その日の夕方のニュースでは大型のボードを使って佐賀県警の回答を解説した。

特集から1ケ月。あれからどうなったのか続報を今か今かと待っていた視聴者たちから再び大きな反響が来た。

やはり佐賀県警や鳥栖警察署に対する怒りの声が止まない。

私としては、あの5日連続の特集を放送し、佐賀県警から「予想していた」内容の回答書が届いてその内容について放送する、という段階までしか戦い方を考えていなかった。ここから先は世間から、

「佐賀県警はあまりにひどすぎる！」

という温度感で援護射撃をもらいながら、後追いのマスコミも加わって佐賀県警を糾弾していくのだろうと思っていた。

ところが現実はそんなに甘くなかった。

これは、TNC取材班VS佐賀県警の始まりに過ぎなかったのだ。

恐喝の方程式

特集の評判が上々だったことは、放送後1ケ月が経っても情報を提供してくれる人が後を絶たない状況だったことからも実感させられた。

しかし、他のマスコミの反応は鈍く、相変わらずウチだけが大きく扱っているような状況

でもあった。

その一因は、「後追いするにはあまりにも出遅れているから」であったと考えられる。それもそのはずで、他社の記者たちはとっくに終わった話として、頭の片隅にも残っていなかった事件の裏側があんなにひどかったなんて突然放送されても、どこから手を付ければいいのかわからないだろう。しかも私たちでも理解に数ケ月かかったほど内容は複雑で、追いかけようにも、証拠も何も持ち合わせていないから無理もなかった。

元々記者志望ではない私は、実は記者という人種があまり好きではない。

もちろん、社会正義の実現のため日々汗をかいている警察担当記者も大勢いるが、大抵は「他社と競い合っているだけの特ダネゲームのプレイヤー」だ。

記者という仕事を続けていると、捜査関係者との関係を持つ時間が多くなってしまい、マスコミでありながら本来の役割を果たせなくなってしまう傾向がある。

自分たちの足で集めた独自の情報を世間に提供することの方が大切なのに、捜査関係者から聞いた「今度誰々が逮捕されますよ」という情報を先出しすることが特ダネや独自情報になってしまっている。こんなのが本当に記者なのか？　警察からもらった情報をそのまま記事にするなんて、ただの警察の広報部隊以外の何者でもないんじゃないか？

そして、今回のような状況になると決まって負け惜しみのように言い訳をしてくる記者が現れる。

「あの話、社会性がないよね」

「あの特集、話題になってるけど、被害者っぷりが悪いよね」

そんな連中が言っている「社会性がない」というのは、例えば暴力団が住宅街で発砲したなどのニュースは「社会性、ニュース性」があるけれど、勝手に組同士が事務所でドンパチして殺し合ったら「社会性がない」とみなす。世間の人が「可哀想だよね」とは思わないというような意味で、記者が言いがちな表現だ。

それと同じぐらいよく耳にするのが「被害者っぷりが悪い」という言い回しだ。

被害者っぷりが悪いというのは、被害者が「なるべくしてその事件に巻き込まれた」ような環境で生活していたことを言ったりする。

北九州時代から知っている他社の後輩記者と食事をする機会があり、その時にも似たようなことを言われた。

「あの特集すごかったです。でも僕からみると、やっぱり被害者っぷりが悪くないですか？」

その後輩は平然と口にした。

「いやいや、そういうところだよ。お前ら報道記者の嫌いなところって」

そう否定した。

一体何を知っていてそんなことを言っているのだろう。実際に被害に遭って傷ついている人たちを「被害者っぷりが悪い」なんて形容する報道記者が、本当の記者と言えるのだろうか？

もういい。こうなったら佐賀県警も山本たちも徹底的に取材して、他社も乗っからざるを得ない状況を作るだけだ。

そう思っていた矢先、今度は事件に関する有力な情報提供者が現れた。

視聴者からの情報提供の電話は、まずテレビ西日本の代表電話にかかってくる。それが報道部に回されて、常駐しているデスクが対応してくれる。

「塩塚、太宰府の件でまたかかってきとうよ」

そう言われて度々私に電話が回ってくるが、９割５分の電話は眉唾ものの内容や、情報としては全く使えない話ばかりだった。

せっかく連絡を頂いているのでありがたいと思いつつも、ほとんどはお礼だけで電話を切るのだが、今回の情報提供者は「山本美幸の元夫」を名乗った。

田《た》中涼二《なかりようじ》がＴＮＣ報道部に電話をかけてきたのは、５日連続の特番を放送した翌週のことだった。しかしあいにく私はその時局におらず、デスクの人間が対応した。

「塩塚、なんか山本美幸の元夫だって言ってる人から電話かかってきたから、折り返してあげて」

胡乱《うろん》な話だと思ったが、念のためデスクに言われた番号に電話をすると、電話口の男はやはり山本美幸の元夫だと名乗る。そして、今は福岡県飯塚市に住んでいて、俺は山本のことを昔からよく知ってる。あいつは昔もっと悪いことをしていた、という趣旨の話をした。

その頃報道部は、一連の太宰府事件に関連した放送が終わって佐賀県警が次にどう出てくるか待ち続けていた。公式見解をいつ出すのか？　もし公式見解が出たらその時が次のニュースのタイミングだ。その時に山本についての証言として、この「自称」元夫・田中涼二の話が使えたらいいなと考えた。

田中いわく、自分は20年前に山本と組んである人間を監禁し、恐喝して最終的に捕まったのだけれど、その辺の話もできますという。

半信半疑ながらも、もし本当ならば山本の過去について重要な証言になると期待した。わざわざ局にまで電話を寄越してくるんだから、取材にも積極的に応じてくれる人なのだろうと思い、後日、田中に連絡を取りインタビュー撮影を依頼した。ところが田中はこちらの予想に反し、

「インタビューって、俺に何のメリットがあるんですか？」

と固辞の姿勢を見せた。

どうもおかしい。

自分から報道部に「俺は何でも知っている」かのような口調で電話をしてきたのでインタ

ビュー取材を頼んだら、メリット云々《うんぬん》などとゴネ始めている。

こういう展開になった時はたいてい決まっている。これは遠回しな報酬の要求だ。そう察した私は先手を打った。

「先に言っときますけど、お金は払えませんので」

と言い切った。なんでだよという田中に対して、

「ウチは報道ですから、もしこちらがあなたに謝礼を払ってしまうと、あなたの証言を買ったようになりますよね。そうすると『もうちょっとこういう風に話してください』みたいに、こちらがあなたの証言をコントロールできてしまいます。つまり利害関係が発生してしまうんです。だから基本的に報道の証言をしてもらうという場合はお金は払えません。真偽が担保できなくなってしまうので」

と説明すると、田中は諦めて電話を切った。

しかし、しばらく経ったある日、再び田中は電話を寄越してきた。

すると、以前こちらが伝えたことを忘れたかのように、「あの件はどうなったんだ」と聞いてくる。

「いや、だからもうずっと言ってますけど、田中さんのお話は聞きたいです。でも謝礼は払えません。それでも話してくれるなら僕らが田中さんがお住まいの飯塚市まで伺います」

そうはっきりと伝えても、あいかわらず「こっちにメリットがない」と繰り返すばかり。

なんでこの男はここまで頑《かたく》ななんだろうか？

よくよく話を聞くと、田中は山本美幸に相当な恨みを持っているようで、それが証言への強い原動力になっているようではあった。

「山本のことは俺、もう人生めちゃくちゃにされたと思っている」

「山本に人生を壊されたと思っているから、恨んでいます」

あまりに山本への恨み節が続くので、

「何度も連絡を頂けるほど、山本に対する恨みが深いのであれば、受けてもらえると嬉しいのですが……」

私はそんなことを田中に伝えた。

「それがメリットなのかは俺にはわからない」

相変わらずメリットの話ばかりだ。そこまでメリットを求めるなら、電話なんてしなきゃいいじゃないかと思いつつも、何とかインタビューに漕ぎ着けたい。ここは粘る必要があると判断した。

「例えば、利益供与にならない、ウチの番組のグッズとかだったら差し上げることはできますけど」

冗談半分でそんな話を提案してみた。

テレビ西日本で平日の朝、放送している「ももち浜ストア」という情報番組内に「うどん

ＭＡＰ」というコーナーがある。これは「福岡県は実はラーメンじゃなくてうどん文化だ」を趣旨に、県内の色々なうどん店を紹介するコーナーで、グッズ展開もしておりそれらも意外と人気がある。

「うちの子どもたちがうどんＭＡＰ大好きなんで、そのグッズで手を打ちます！」

突然テンションを上げた田中は、あっさりとインタビューを承諾した。

11月、田中涼二のインタビューは飯塚市にあるホテルの一室でおこなわれた。

田中には、真偽はきちんと担保したいという理由から当時2人が住んでいた街の役所で戸籍を取って持ってきてくださいと伝えてあった。

派手な柄のスウェットを着た田中が、ホテルの部屋に入ってくると、面倒くさそうに戸籍謄本を取り出す。そこには元妻として山本美幸の名前があったほか、取材ですでに判明していた山本の一人息子の名前と年齢も一致した。

「間違いないですね。ありがとうございます」と言うと、田中はニヤニヤしながらソファにどんと腰掛けた。

田中の印象を一言でいうと「完全にジャンキー」だ。挙動が明らかに不自然で、完全に何らかの薬を「やっている」雰囲気を醸し出している。

ただ、20年前に山本と共謀してやった事件に関しては、かなりクリアに覚えていた。

出会いは20年前の久留米市。仕事をせず、遊び惚けていた18歳の田中は、当時風俗嬢をしていた一つ年上の山本から逆ナンされた。毎日一緒に遊んでいるうちに金がなくなり、やることもなくぼーっとしていたら山本からこんな提案をされたそうだ。

「山本が『私が金を貸した奴らがおると。そいつ全然返す気ないけんボコボコにして金を取り返してくれん?』って言ってきました。今考えると山本は金なんか貸してなかったと思うんですけど、別に事実はどっちでもいいからそいつらを車で拉致して金を払うまで殴り続けました」

飄々《ひょうひょう》と語っているが、無茶苦茶な話だ。

山本がターゲットに決めた知り合いに「金を返せ」と因縁をつけ、相手が借りていないと言ったら車で拉致。のちにヤクザになるぐらい喧嘩慣れしていた田中と共に半年近くにわたって監禁、暴行し、消費者金融や親に泣きつかせて多額の金を脅し取ったそうだ。田中は興味深い話を続けた。

「今回捕まったマー兄はこの時すでに登場してたんですよ。途中でヤクザに電話を代わるとか言って電話口で脅してました。『ヤクザに目を付けられたら生きていけんよ? 払いーよ』とか言いながら搾り取れるだけ搾り取ってました。あいつは鬼畜ですよ。車のシガーライターで根性焼きしたり、手の爪を剝いでみたり。笑いながらやってましたもんね、『楽しい』って言いながら」

そういう手口で半年の間に3人から多額の金を脅し取ったけれど、最終的に恐喝や監禁致傷の罪で有罪判決を受けた。

まさに聞いたことのある手口だ。

そう、因縁をつけて金を掠め取り、瑠美さんを死に至らせるまでの手法は、20年ほど前にすでに出来上がっていたのだ。山本が若かったからだろうか、やり口は少々雑で乱暴だが、マー兄の登場といい、やっていることは20年前も今も変わっていない。田中涼二が岸颯に代わっただけだ。

今回の事件、佐賀県警および鳥栖署の杜撰な仕事ぶりを追及することが主題だが、私は山本という人間そのものに対しても興味があった。

基本的に山本は小心者で狡猾なので、自分の手はあまり汚さない。時に自ら手を出す時もあるが、直接の脅迫や暴行には男を使う、典型的な小物だ。

なんでそんな小物が、これほどの事件を起こすに至ったんだろう。そういう山本の手口や生き方に単純な興味を持った。

見境なく色々な人間に虚勢を張り、いい格好をするのは、とどのつまり山本という人間は単なる寂しがり屋で、人が自分の周りにいないと耐えられないからだ。

しかも自分は金という手段を使わないと人をつなぎ留めることができない、と本人が一番自覚しているにもかかわらず、自分で稼ぐ能力はない。だから人から巻き上げて、ホストに狂い、いい暮らしをして、いい服を着て、いい車に乗って誰かに運転させてという生活をずっと続けている。

なんでこういう生き方ができるんだろう?

私はそういう意味で、山本という人間の人生に興味を抱き続けていた。

田中涼二によると、山本美幸の父親はヤクザの準構成員で山本に対しては非常に甘かったそうで、山本がシンナーを吸っていても何も言わず小遣いを与え、可愛い可愛いと言って育てていたという。

そんな風に育てられ、人から金を脅し取ることだけを繰り返し続けていたら、山本みたいな人間になるのだろうか、などということも考えたりしていた。

いずれにせよ、山本の手口は20年前にはすでに確立されていたということが証言からわかった。田中は少年院を出所した直後に離婚し、山本と縁を切っていた。

「あいつに出会わなければ俺の人生もっとまともでしたよ」

そこに説得力は全くなかったが、山本が罪の意識を感じない人間を利用して私利私欲を満たしていたことはわかった。そして田中は利用されたことに怒っていて、憂さ晴らしのためにインタビューに応じたという感じだった。

このままでは裏の取りようがないマイナス感情の乗った一方的な話だったが、ほどなくしてこの一連の話の信憑性が増す出来事が起こる。

その始まりは取材班の慶さんからの慌てた電話だった。

「マー兄確保しました」

「えっ？　なんて？」

「だからマー兄が今からTNCに来るって！」

訳がわからないが、興奮した様子の慶さんから20分後にはマー兄が会社に来ると言われ、慌てて会議室を押さえた。

松尾は死体遺棄や恐喝、恐喝未遂で起訴されていたが、裁判前に保釈されていた。慶さんと藤野が自宅を訪ねると、TNCに対して言いたいことがあったらしく「検察に行った後、時間取ったるがな」といい、実際に福岡地検の聴取が終わった後に、2人が待っていた報道車に乗り込んだ。

松尾には隆さんへの恐喝未遂以外にも、起訴は免れたものの関与している事件がいくつもあった。

まず一つ目の案件は、男性への恐喝事件だ。

高橋雅人《たかはしまさと》さん（仮名）は2012年頃、当時好意を寄せていた春香《はるか》さん（仮名）から紹介を受けて山本と知り合った。高橋さんは同年、山本の家に行った際に拳銃や日本刀、ヤクザの組長の写真が飾られているのを見たことから、山本をヤクザの組長の娘だと信じていた。また高橋さんは松尾を「山口組の幹部」として山本から紹介された。

高橋さんは、山本から「春香さんがホストにはまって、自分やマー兄に借金を抱えているので、春香さんと一緒に借金を払ってほしい」と言われ、当時春香さんに好意を抱いていたためこれを了承した。

後日、高橋さんは山本から、春香さんの借金は5000万円であることを告げられた。断ろうかと悩んだが、春香さんに好意を持っていることや、高橋さんが肩代わりを承諾した電話を山本が録音していたことなどから、その借金を支払うことに決めた。

高橋さんは山本に言われるがまま借用書を書かされ、消費者金融で限度額いっぱいまでお金を借りたり、母親に無心するなどの方法で金を集めて山本に渡していた。また瑠美さんの兄・智一さんのように、山本が指定したホストクラブで働くようになり、高橋さんの給料が振り込まれる口座の通帳は山本が管理し、高橋さんの収入のほぼすべてを山本が得るようになった。

高橋さんが仕事で失敗したり、給与が少なかったりすると山本の家に呼び出された。そこで山本から暴力を振るわれたり、マー兄に電話越しで「原発行くか」「マグロ行くか」と脅されて金銭を要求された。時に高橋さんは正座させられ、顔から下を山本に殴られたり蹴られたりしたこともあり、この光景は智一さんも何度も見たことがあると証言していた。

山本はさらに金を搾り取るために、一緒に高橋さんの実家に行き、母親に金を借りるよう求めた。だが母親はそれを断ったため、山本は金になるものを要求し芝刈り機を奪い、それを質屋で換金して5000円を手に入れたりした。

ほかにも、高橋さんは、岸から紹介された会社で働いていた時に岸から借りていた仕事用の工具を紛失してしまった。再び暴力を振るわれることを恐れ、そのことを隠していたのだが、ある日紛失したことが両名の耳に入り呼び出されると、殴る蹴るの暴行を受けた後に、工具代の弁償として35万円を要求された。山本と岸は、この35万円を母親に支払うことを要求し、一度は断られたものの、結局母親は代金を支払うことになった。

後日、高橋さんは会社の同僚に岸から借りた工具を無くして35万円支払ったことを伝えたところ、工具代はせいぜい4万~5万円で、35万円はあまりにも高すぎると言われたそうだ。


2つ目は、山本が通っていた美容室の美容師に対する恐喝事件である。

清水由恵《しみずよしえ》さん(仮名)は2016年頃から、筑紫野《ちくしの》市内の美容室において山本美幸のヘッドスパ等の施術を担当していた。

山本は2018年9月、その美容室で清水さんに「ブランド品で7万円する」と言いながら財布をプレゼントした。

10月上旬頃、山本はその美容室においてオーナーとチーフから清水さんが2019年3月末で美容室を退職する予定である旨を告げられた。山本はこれを聞いて激怒し、清水さんに、

「辞めるってわかっているのに、なぜその前に財布をもらったんだ」

「謝り方を知らんのか」

と大声で威嚇しながら睨《にら》みつけた。さらに山本は清水さんに、

「土下座しろとは言わんし、して終わりとも言わんけど、誠意の見せ方とかもあるやろ」

などと言った。その後清水さんは土下座をして謝罪したが、山本と岸は、

「ケジメをつけろ」

「落とし前をどうつけるんだ」

などと怒鳴りつけた。清水さんは土下座をしても話が終わらない上に、山本から、「財布を返せとは言わないけど」と、金銭の支払いを匂わせるような言動があったことなどから、最終的に19万円を山本に手渡した。

2019年4月8日、清水さんは山本に、

「辞めることに関して揉めた時の話を、兄貴（松尾）と（美容室の）オーナーが会話し、マー兄がその時の会話にムカついている」

などと言われた。山本はその場で松尾に電話をかけ、清水さんに電話を渡した。松尾は清水さんに、

「事の原因はおまえやから、お前がけじめをつけろ」

「けじめをつけないと、店がどうなっても知らんぞ」

とドスの利いた威圧的な口調で凄《すご》んだ。

その電話が終わった後、山本から、「この世界では200万円が相場だから」と言われたので、清水さんは山本やマー兄から現金200万円の支払いを要求されているのだと考えた。そして最終的に清水さんは、山本から指示され消費者金融から100万円を借り入れて山本に支払った。

翌日清水さんは山本から、「まだ200万円には足りてないから増額できないか」と言われ、再び消費者金融で借り入れの増額を申し込むよう要求された。しかし増額が厳しいことがわかると山本はクレジットカードのキャッシング機能を使って現金を用意するよう指示、清水さんはそれに従い30万円を引き出し山本に渡した。

こうして清水さんは、山本らから合計149万円を脅し取られた。


このようにほとんどの恐喝事件に関与・登場していたマー兄に事情を聴く絶好の機会だ。テレビ局内に公判を控えた元ヤクザがいること自体不思議だが、マー兄を会議室に通すとすぐに取材を始めた。

「松尾さん、わざわざありがとうございます」

「お前らがいつまでもこの事件を報道するからな。普通の暮らしができんがな」

「見てくれてるんですか？」

「見てるよ。18時9分からの8チャンネルは欠かさず見るようになったがな」

TNCの夕方のニュース枠は他局と比べて特殊だ。他局は18時15分から始まるが、ウチだけ中途半端な時間から始まる。その時間を正確に覚えている人はあまりいない。本当に毎日チェックしているんだなと思った。

「田中涼二さんと会いまして、20年前の事件について聞きました。その頃からすでに松尾さんと山本は協力して恐喝してたんですね」

マー兄の顔つきが変わった。元ヤクザらしく私や慶さんに睨みを利かせながらこう言った。

「別に話すのはええよ。でも撮影と録音はあかん。それが条件や」

かなり粘ったが、公判を控えていることもあり、頑なだ。証言の映像はもちろん欲しいが、それよりもまだまだ整理したい事実が多い。私たちはペン取材に切り替えた。

「松尾さんは山本が10代の頃に山本の父親を通じて知り合ってますね？　その頃から色んな恐喝事件に手を貸していたんでしょ？」

「よく調べとんのぉ。あぁ。みゆとはニコイチやったからな」

2人で一つという意味の若者言葉「ニコイチ」を突然使われて戸惑ったが、話を続ける。

「その時はまだヤクザじゃなくて運送会社で働いてましたよね？　なんで恐喝に協力しよう

ってなったんですか？」

「調べてんねやろ？　みゆの親父の関係で知り合って、妹みたいな存在やったんよ。で、20年前にあいつが田中涼二とワシを使って恐喝した時にかなりの金が取れたからそれで味を占めたわけよ」

「やっぱりその事件が今回の事件の原型になったんですか？」

「そうや。そこで恐喝の方程式が出来たわけよ。XがみゆでワシがYで『こうやって脅せば金が取れる』っていう恐喝の方程式が」

　山本と松尾が生み出した「恐喝の方程式」。山本はターゲットを見つけては、この方法で金銭を脅し取っていたそうだ。

　その後松尾は、実際に関西の指定暴力団に数年間在籍したが、２０１１年ごろに離脱して、再びトラック運転手に戻った。

　しかし、山本が完成した恐喝の方程式を手放すはずもなく、隆さん夫婦に「マー兄はヤクザの幹部」と吹き込み続け、松尾もヤクザを演じたのだ。その結果、隆さんは松尾が死体遺棄容疑で逮捕され、職業が自分と同じ「トラック運転手」と公表されるまで、現役のヤクザと信じていた。

「この20年間ずっと協力してた？」

「あいつの暮らしぶり見たらわかるやろ」

「松尾さんもその分け前をもらってたんでしょ？」

「最初はな。でもその分け前もいつからか寄越さんくなってきたから、ワシは今回の事件でも一銭ももらってないよ」

「それだったら協力する意味ないじゃないですか。もらってたんでしょ？」

「もらってないって。ただ妹分として可愛がってたから協力してあげただけや」

瑠美さんの話になった。すべて否認している山本・岸と違って松尾は死体遺棄以外の罪を認めていた。

「瑠美にはかわいそうなことしたと思ってるよ。でもワシもあんなにひどい状態やとは思ってなかった。瑠美を運んでる時の電話であいつらが病死にしようって言ったから傷もその程度なんやなって思ってた。でもとんでもない。警察に写真見せられた時に『(病死は)無理に決まっとるやろ。バカやないか』って思ったくらいひどい状態やった。なんでここまでしたんかと。金ももう取れんようになっとったし、早く手を引けばよかったのに」

まるで他人事《ひとごと》のように振り返る松尾に腹が立った。

「でもそれはあなたの責任も大きいんじゃないですか？　亡くなるまでの1ケ月、山本にかなりアドバイスしてましたよね？　それに今回の事件はあなたの存在がないとそもそも成立してないですよ」

「なんや？　ワシが殺したって言うんか！」

突然、語気を荒らげ恫喝《どうかつ》してきたその態度は、まさにヤクザのそれだった。これを浴びせられ続けた隆さんが恐怖を感じるのも無理はなかった。

「ただ事実を言っているだけです。もう金は取れないなって途中でわかってたでしょ？　なのになんで追い込み続けたんですか？」

こちらは冷静に問う。

「だから悪いことしてしもうたって言ってるやん。それに隆に弁護士入れられて警察に音声持って駆け込まれた時は覚悟したよ」

「覚悟したとは捕まる覚悟？」

「そう。実際に脅してしまってるわけやんか。それを録音してるのも隆が言ってたからわかってたし。でもこっちにも面子があるから引かれへんやんか」

佐賀県警も松尾も面子ばかり気にして、そのせいで瑠美さんは助からなかったと思うと、また居たたまれなくなった。

「だから佐賀県警もバカなんよ。あいつらから録音を持ち込まれた時に事件にしとけば、瑠美が死ぬことはなかった。その時にはみゆと岸はすでに瑠美に手をかけとったんやからな」

またも他人事のようなことを言う松尾に腹が立ったが、被告にすらそう思われている佐賀県警の情けなさたるやなかった。

結局、松尾は最後まで録画と録音を許さなかったが、事件のきっかけとなった20年前の田中涼二との事件の裏が取れ、恐喝の方程式までよく理解ができた。基本的に山本は自ら手を下さない。だから表面上は事件になりにくいように見える。しかし話を聞いてみれば、付け焼き刃の法律知識で、かなり雑な印象だ。

松尾が言っていたように脅迫の録音を持ち込んだ時点で鳥栖署が捜査を始めていればボロはたくさん出たし、何よりもすでに暴行を受けていた瑠美さんと捜査の過程で接触できていれば助け出すこともできていただろう。

事件概要をある程度理解できたこの出来事の直後、今度は佐賀県警を追及するためのヒントが舞い込んできた。そして今回の有力情報は〝身内〟からだった。

相談簿

「塩塚、福岡県警の幹部から良い話を聞いたよ。相談簿っていうのがあって、それを取り寄せたら役に立つと思うから取り寄せれば？　って言ってた」

こんな話をしてくれたのは、報道フロアで私の隣に座っている濱田《はまだ》洋平《ようへい》だ。濱田は同期入社で、ほぼ報道一筋の経歴。警察担当を外れてもよく福岡県警の幹部と飲みに行ったりしていた。

その飲みの場で幹部が、

「佐賀県警の特集で相談内容について主張が食い違ってたけど、相談簿は記録として必ず保管してあるものだから、試しに個人情報公開請求したら？」

とアドバイスをくれたそうだ。

警察署には市民が相談しに来た時、いつ誰がどういう相談を寄せ、それに対して警察署としてどういう対応を取ったのかを記録しておく「相談等取扱票（相談簿）」がある。これを取り寄せて中身を確認すれば白黒つけられるのではないか、そんなことを助言してくれたのだ。

確かに、佐賀県警の遺族説明の際に高村刑事官はこう言っていた。

「警察の相談対応は、相談に関する訓令・規定に基づいて行っています。相談を受けたら報告書を作ることになっているんですけれども、その上がってきた報告書に基づいて署長が『これについてはどこの課で対応しなさい』と指示を出します」

「今回、綾部が作った報告書は、その中身が薄っぺらくなっていた部分もあったりして、署長まで報告する中で、高畑さんたちがこれだけ訴えているのがなかなか伝わっていなかったのかなと……」

まさかあの報告書が、請求すれば手に入れられるものだとは思っていなかった。

佐賀県警は当初、綾部巡査長の報告書に遺族の訴えが詳しく書かれておらず、鳥栖署の上層部が緊急性や事件性があると判断できなかったという話をしていた。

ところがその後、相談内容は金銭貸借に関するトラブルであり、事件は予期できませんでしたと手のひらを返した。

遺族は最初から、単なる身内の金銭トラブルではなく、山本が瑠美さんを洗脳しているから救い出したい、と相談していたと主張している。

もし相談簿が残っているなら、是が非でも入手したかった。

佐賀県警は1度目の説明の際に「疑問点やお困りごとがあればいつでもおっしゃってください」と遺族に言っていたため、遺族は個人情報公開請求の出し方を担当者に聞いて準備を始めた。

しかし、この個人情報公開請求というのが少々厄介で、相談簿に記載されている相談者本人でないと申請を出すことができない。

個々の相談が誰の名前で報告書となっているかがわからないので、それぞれが署に行った日を洗い出して申請しなければすべてが揃わないのだ。

当然、佐賀県警はそれぞれの相談簿に記載されている相談者が誰の名前かを把握しているが、「それはお教えすることができない決まりです」と、しっかりとルールに則り対応してきた。

遺族はＬＩＮＥを遡りながら、相談に行った日付と誰がその時にいたかなどを洗い出し始めたが、電話でやり取りして署を訪ねた日も多く、11回すべてを把握するのに時間がかかってしまった。

一方この頃、佐賀県警はさらに態度を硬化させていた。

7月の遺族説明で幹部2人が謝罪していたことに関して、「遺族の認識が県警の調査と異なっていたが、仮にそうであるならば『申し訳ない』と言った。『対応に不備があって申し訳ない』という脈絡ではない」と対応の不備を認めて謝罪していたわけではないと言い始めた。

確かにあの説明の場で、遺族と県警が食い違う点はいくつもあった。例えばテープ起こしに関する部分なんかもそうだ。これはもう言った言わないの話になるし、現状確認のしようがない。

だが、県警の管理官と刑事官は内部調査を行った上で、綾部巡査長をはじめとする相談を受けた警察官の相談簿が薄っぺらかったことや、本人への聞き取りから「署内の引き継ぎやサポート不足」が多く、結果として署の上層部が瑠美さんに危険が迫っていることを察知できなかったことを明確に謝罪していた。

これすらもひっくり返そうとするのはさすがに無理がないか？　とは思ったが、佐賀県警のこれ以上この件を追及されたくないという意思が明確に示されていた。

例えば、佐賀県警では月に1回、記者クラブ向けに会見を開くのだが、TNCが特集を組んだ後の最初の定例会見では、太宰府事件の質問を一切許さなかった。

これに各社が反発したため翌月の記者会見ではさすがにだんまりを決め込むことはできなかったが、県警は自分たちが発表したい施策のところだけカメラ撮影を許し、マスコミからの自由質問の部分からは撮影を許さなかった。そして、杉内本部長に太宰府事件に関する質問が飛ぶと、刑事部長や警務部長が代わりに答え、本部長は一切答えないという対応を取った。

そして会見の最後に杉内本部長が用意されたペーパーを読み上げ「当時、鳥栖警察署に対する一連の申出の内容からは、被害者の女性にただちに危害が及ぶ可能性は認められなかった」という見解を述べると、逃げるように会見を終えた。

このコメント読み上げの前に、記者から「カメラの向こうの県民に対してコメントを出すのではないのか」と撮影の許可を求める声も上がったが、佐賀県警は許可せず、その理由を「会見を開催する県警の権限」とした。

こうして逃げ続けていた杉内本部長だが、逃げられない場面がまもなく訪れる。

それは12月の県議会だ。ここでは太宰府事件についての質問が飛び、本部長が答弁しなければならない。

私たち取材班はここを目標に定め、追撃のための情報を集めていた。

12月1日、県議会で杉内本部長が答弁する日の前日。私は東京・千代田区の国会議事堂にいた。

ももち浜ストア特報ライブで木曜日のコメンテーターを務めるテレビ西日本のOBでフリージャーナリストの鈴木《すずき》哲夫《てつお》氏から共産党に話が行き、参議院の内閣委員会で警察行政のトップに「太宰府事件に関する警察の対応について」質問されることとなったのだ。田村智子《たむらともこ》参議院議員から警察庁の田中勝也《たなかかつや》刑事局長と小此木《おこのぎ》八郎《はちろう》国家公安委員長に厳しい質問が飛んだ。

田村　「被害女性の家族は（中略）回を重ねるごとに異常な事態を訴え、被害者の身の危険も訴え、被害届を出したい、捜査をしてほしいと求めましたが、最後まで当該警察署は動きませんでした。結果、女性は太ももを割り箸やバタフライナイフで何度も刺されるという凄惨な暴行の挙げ句に死亡し、遺体となって発見されました。警察の対応が適切だったのかという強い疑問が遺族等から出されています。

しかし、今年10月28日、佐賀県警は、鳥栖警察署の対応について不備はなかったと結論付ける調査結果を示しました。果たして暴行死という痛ましい事件を止めることができなかったのか、私も疑問に思います。市民の命と安全を守る警察であってほしいと強く望みますので、この案件について質問します。

まず、女性の家族が鳥栖署に何度も来署して相談を重ね、被害届の提出を要望したが、警察は被害届を受理しなかった。これは事実として確認しておられますか」

田中「一連の申出の主な御趣旨は被害者をめぐる金銭貸借のトラブルをどうにかしてほしいというものでありまして、被害者の身に危険が及んでいることや被害者の身に被害があったことを訴えるものではなかったところでございます。ただし、結果として被害者の方がお亡くなりになったことは重く受け止めており、今後の教訓としていく、こういった報告を受けているところでございます」

田村「被害者の夫は、恐喝の証拠として電話の録音を示し、被害届を提出する意向を示した、しかし被害届の受理はなかった。これも事実として確認できますね？」

田中「この申出につきましては、その場で直ちに事件性、犯罪に当たるかどうかにつきまして判断をすることができなかったことなどから、申出者に対しまして、後日、事件の専門部署である警察署の刑事課に改めて申し出てもらうよう依頼したが、刑事課への再訪がなかった、こういった報告を受けているところであります」

田村「出したいと被害者の夫は言っているんですよ、被害届を出したいと。だけど、受理されなかったんです。

最初の相談では、身内のもめ事、単なる金銭トラブルの範囲だと、これで思ったかもしれない。しかし、そのまま軽視を続け、刻々と深刻になっていく相談内容、切実な訴えにまともに耳を傾けなかった。その結果、事件性や危険性に気付けなかったのではないのか、捜査怠慢ではないのかという疑問を禁じ得ません。こうした一連の対応は、桶川ストーカー殺人事件をほうふつとさせます。真摯な検証をしなければ市民の警察への信頼が揺らぐことにもなると思いますが、国家公安委員長の見解をお聞きします」

小此木「まず、佐賀県警察からですが、被害者の方がお亡くなりになられたこと、これを重く受け止めており、今後の教訓としていくとの報告を受けております。一方、佐賀県警察において慎重に事実を確認した結果、一連の申出は金銭貸借のトラブルについてのものであり、当時、一連の申出内容からは、被害者に直ちに危害が及ぶ可能性があるとは認められなかったということであります。引き続き佐賀県警において適切に対応していくものと認識しています」

田村「佐賀県警の今の調査なんですけど、県警本部長の指示の下に内部調査チームをつくりましたが、結局その調査結果は、公安委員長の言われたとおり、遺族の相談は身に危険が及ぶことを訴えるものではなかったなどとして、当時の対応に不備はなかったと結論付けているんですよ。結果として被害者が亡くなったことは重く受け止める、本件を今後の教訓としていくというんですけど、一体これで何を教訓にできるんですか。この調査は、遺族への事実確認さえ、事実関係の確認さえしていないというんですよ。佐賀県警の中だけの調査でよいのかが問われていると思います。佐賀県警の対応についても改めて公安委員会による検証を求めたいんですけど、いかがでしょうか」

小此木「佐賀県警からは、調査結果を取りまとめるに当たって事前に御遺族から直接御意見をお伺いしているとの報告を受けています。また、佐賀県警からは、それに加えて、関係書類の確認のほか、申出対応職員等への確認を行って慎重に事実を確認したことから、再度の確認を行う予定はないものと報告を受けています」

田村「それはもう佐賀県警の言い分だけじゃないですか。だから聞いているんですよ、それでいいのかと。遺族の方と言い分食い違っているんですよ。（中略）佐賀県だけの問題でもないですよ。２００４年東京都足立区の女性監禁殺害事件、２０１６年小金井ストーカー殺人未遂事件など、警察が危険性を見逃し重大犯罪が発生したという事例は各地で起きている。やっぱりこの佐賀県の事件を、とりわけ私、本当に検証していただきたいんですけど、これ、警察全体の真摯な教訓に、具体的な教訓になるようにこれ是非検証していただきたい」

議場には賛同するヤジが飛ぶ。

結局、警察トップも佐賀県警のでたらめな報告を基に答弁をするだけだった。

中でも、調査結果を取りまとめるにあたり遺族の意見も伺ったと答弁したことに関しては、1度目の説明の際に遺族と話したことが「遺族への聞き取り調査をした」かのようになっていて、相変わらず無茶苦茶な話になっていた。


委員会を終えた田村議員と控室で話をしていた時、瑠美さんの妹・真理さんからＬＩＮＥが入った。

そして「開示されました」というメッセージと共に、８日分の相談簿がＰＤＦファイルで添付されていた。

ついに待ち望んでいた相談簿の内容がこのタイミングで明らかになる。

スマホの画面を興奮気味に指で拡大すると、そこにはやはりと思える内容が記されていた。

まず、母親の圭子さんが瑠美さんの職場の上司を伴って初めて鳥栖署に相談に行った7月12日の相談簿。件名には「他人から洗脳されている娘を救い出したい」としっかり書かれてあった。

ほかにも9月25日に隆さんが脅迫の被害届を出しに行った日の件名は「脅迫の被害届を出

せないか」で、内容は山本と電話を代わった男から金を要求された3時間の電話を録音したので、脅迫の被害届を出すことはできますか？　と隆さんの相談内容が書かれていた。

しかし、この相談簿をよく見てみると、とんでもない記述がある。

相談に対して警察官がどう対応したかという項目の中に、「被害届等の意思」という項目があるのだが、そこが「現在のところなし」にチェックされ、事案は「継続」ではなく「解決」にチェックされていたのだ。

「これはひどい！」

国会で、思わずそう叫んでしまった。

被害届を出したいと言っているのに、意思は「現在のところなく」、被害届を出せていないのに「解決」した。そんなバカなことがあるのか？

確信に変わった。

やっぱり佐賀県警はダメだ。救いようがない。

田村議員も相談簿を見て絶句していた。この相談簿が手元にありながらも、内部調査の結果として「相談は金銭トラブル」と言ってしまうことに恐怖すら覚えた。

そもそも、相談を受けたら相談簿を作らなければならないルールのはずなのに遺族の相談11回に対して鳥栖署が作成していた相談簿は8回分のみ。危険を必死に訴える遺族とは対照的に面倒くさがっている警察官の情景が目に浮かぶような資料だった。

午後6時9分。この国会答弁をまとめたVTRを慶さんと藤野が急いで編集して放送し、私は国会前から中継を入れる。

遺族は聞き取り調査など受けていないのに、あの7月の説明会を聞き取りの場とした佐賀県警の一方的な調査結果はそもそも信用が置けない。そして、その杜撰な調査結果に基づいた国会答弁からは説得力のなさを感じたとリポートし、「今まさに自浄能力が求められている」と言って中継を結んだものの、直前にあの相談簿を見てしまった以上、これはもう末期症状だなと感じていた。

翌日、朝一番の便で福岡に帰ってきた私は急いで佐賀県議会へ向かった。

この日はこれまで公の場でコメントすることを避け続けていた杉内本部長が県議会で初めて太宰府事件について答弁する日。答弁の内容はわかりきっていたが、直撃ができるかもしれないと思っていた。

杉内本部長は1969年生まれの埼玉県出身。東京大学農学部卒業後に警察庁に入庁し、警察庁少年課児童ポルノ対策官、愛媛県警と埼玉県警で警務部長、その後大阪府警生活安全部長などを務め、九州初の女性本部長となった、いわゆる「エリート中のエリート」警察官僚だ。

すでにこの問題は10月に警察庁の松本光弘《まつもとみつひろ》長官が記者会見で言及したほか、小此木八郎国家公安委員長もコメントする事態となってしまい、官僚組織に属する杉内本部長にとっては後がない状況となっていた。
　私はそんな杉内本部長の一挙手一投足を見逃すまいと、傍聴席からじっと見つめ続けていた。質問者は自民党の中倉政義《なかくらまさよし》議員だ。

中倉「太宰府事件の御遺族の申出に対する県警の対応についてお尋ねをいたします。（中略）御遺族が県警察に何度も相談をしたと報道をされておりますが、県警察における相談の対応がどうであったかお伺いをいたします。2番目に、県警察における御遺族への対応についてであります。御遺族が納得されておらず、また、県警察が御遺族への聞き取りを行わなかったとも報道をされておりましたが、県警察における御遺族への対応についてどのような対応をされてこられたのかお尋ねをいたします」

杉内「一連のお申出の趣旨は、被害者の女性の身の危険を訴えるものではなく、被害者の女性をめぐる金銭貸借トラブルをどうにかしてほしいというものであり、それぞれの申出内容に応じた対応を行っていたところです。
　御遺族への対応についてですが、本年6月に御遺族から県警察の対応に関する御質問をいただきましたことから、翌7月に御遺族側と面談をして、これに対する説明を行いますとともに、その際に、御遺族のお考えや御意見につきましてもかなりの時間をかけてお伺いをいたしました。

当時、鳥栖警察署に対する一連のお申出の内容からは、被害者の女性に直ちに危害が及ぶ可能性があるとは認められませんでしたが、県警察といたしましては、結果として被害者の女性がお亡くなりになられたことは重く受け止めております。

本件を今後の教訓とし、お申出の内容からは、申出者の方のみならず、関係者にも直ちに危害が及ぶ可能性があると認められなかったとしても、結果として関係者がお亡くなりになるという重大な結果が生じることもあり得ることを念頭に、より丁寧な申出対応を心がけてまいりたいと考えております」


もっともらしい答弁だが、これまでよりもひどい見解となっていた。

相談内容は「金銭貸借トラブルをどうにかしてほしいというものであり」と、もはや「洗脳」だの「脅迫」だのはなかったことになっている。

そして、相談からは危害が及ぶ可能性があるとはわからなかったけれども、こういう事件になりうるからより丁寧に対応しますね、と自分たちに非は全くないと言い切ったのだ。

あの日の管理官と刑事官の謝罪はなんだったのだろう。

言ってしまえば「丁寧な対応」ではなく「当たり前の対応」をしていれば助かったのにな、と思いながら杉内本部長が通るとされるルートでカメラを構えた。

ところが杉内本部長は閉会後、取材を求める報道陣を避けるように県幹部らが使う階段ではなく、別ルートを通って議会を後にした。

複数のメディアがその理由を佐賀県警に尋ねると、「取材を避ける意図はない。決裁の処理のため、早めに出た」と答えたが、避け続けるなら近いうちに必ず捉《つか》まえてやろうと心に決めた。


議会が終わると、遺族からもらった相談簿をすべて穴の開くほど読み込んだ。

まず2019年7月12日、瑠美さんが亡くなる3ケ月前に、母親の圭子さんが鳥栖署を訪れた際の件名に「他人から洗脳されている娘を救いたい」と書かれてある相談簿だ。

そこには瑠美さんの交通事故示談金の話や、職場でのトラブルの話、さらに「山本と引き離したいと思っているが瑠美と話し合いの場を設けること自体ができず、話をしてもまともに聞いてくれる様子ではない」という記載や、「職場の方の話では山本との間に強い上下関係ができているようで、何か弱みを握られているのではないか。どうにかできないか」と相談したこともしっかりと記録されていた。

この相談を受けたのは綾部巡査長ではないが、警察官は瑠美さんとどうにかして話し合うことと助言して「解決」としていた。

また、その4日後の7月16日には、妹の真理さんの相談簿が残されていた。

遺族によるとこの日は「瑠美さんが隆さんと住んでいたアパートから子どもたちと共にいなくなり、所在がわからなくなった」ことを心配する相談をしていて、「山本と引き離さなければ大変なことになる」と訴えた日だったそうだ。

4日前の相談で警察官から「瑠美さんとどうにかして話し合うこと」と助言されていたので、瑠美さんが勝手に持って行った祖母の自転車の盗難届を出せば動いてくれますか？　などと、何とかして瑠美さんとの接点を持とうとして方法を相談していたそうなのだが、相談簿の件名は「姉が持って行った自転車を取り返したい」と何故かそちらがメインの相談とされており、「盗難届は出せません」と回答して遺族が納得して終わったことになっていた。

ほかにも「姉を取り巻く環境が心配」という件名の8月13日の相談簿では、瑠美さんから550万円を要求されたことと共に、「姉が最近山本という女性と住んでいるという話を聞いていますが、その者とホストクラブに何度も行ったりしていて悪い影響を受けているようですので、姉を何とかしてその状況から救い出したい」などと何度も山本の名前を出していたが、警察官が助言を行い「解決」したことになっていた。

そして最も問題だと感じたのは9月25日の隆さんの相談簿だ。

先述したが「脅迫の被害届を出せないか」という件名なのに、「【経過・結果】脅迫として被害届を受け取るのは難しい、と伝えたところ申し出人は『わかりました』」と隆さんが納得しているかのような記載をし、被害届等の意思の項目には、「現在のところなし」の部分にチェックが入っていて、この事案は勝手に「解決」とされていた。

佐賀県警は「後日刑事課を訪ねるよう遺族に言った」と弁解していたものの、この相談簿にそんな記載は一切なかった。これではこの相談簿を読んだ上司は、「脅迫の被害届を出せないか相談が来たけれども、被害届を出すことは難しいと隆さんに伝えたら『わかりました』と納得して帰り、事案は解決した」と思うだろう。

それにしても何が「相談内容は金銭貸借のトラブル」だ。

誰がどう読んでも圭子さんが相談した7月の時点から「娘が洗脳されている。救ってほしい」と書いてあるではないか。それに状況はどんどんひどくなっていて、ついには夫の隆さんまで〝暴力団員〟に脅される状況にまで悪化していることが見てわかる。

相談簿を隅から隅まで熟読した私は、今回の杜撰な対応の大もとはやはりこの相談簿にあると判断した。

隆さんら遺族は、何とか瑠美さんを救い出してほしい、山本から引き離したい、山本の恐喝を止めさせたい、瑠美さんを逮捕してもいいから。そう切実に訴えているのに、相談簿に書かれてある警察の対応からは「切実さ」が全く感じられない。

その理由の一つが、相談簿の最後の文章だった。

相談を受けた警察官がどう対応したかを記載する部分で、遺族が最後には、

「わかりました」

「理解できました」

「ありがとうございます」

と言い、納得した様子で退署したという記載が随所に出てくる。

そんな相談簿が、課長、管理官、副署長、署長と順々に回され決裁されるのだ。

綾部巡査長をはじめとする現場が危機感の全くない相談簿を作ったばっかりに、「まあこの事案は様子見でいいでしょう」と当然署内では問題はないという認識で共有されていき、「あの人たちよく相談に来るけれど、話の内容としては家庭内の金銭トラブルだからそういう対応をしておいて」。きっとそんな温度感だからいつまで経っても対応が変わらない。

しかし、遺族への1回目の説明で登場した武田管理官と高村刑事官は、そこが今回重大な結果となってしまった問題点だとわかっていた。

「相談簿の書き方が悪い。引き継ぎもできていない。知識も経験も足りない。だから気付くことができませんでした、すみませんでした」

と調査の結果を踏まえて謝罪している。

これ以上でもこれ以下でもないのだ。

そしてその謝罪をしたのが、警視という幹部職員たちだということも大きい。警視という地位は、署長や各所属長になれる地方公務員の中ではトップの階級で、そういう役職の人間が調査した結果「すみませんでした」と言っているのは、個人の見解では済まされない。

なのに佐賀県警は「対応に不備なし」と繰り返すようになった。

報道フロアのデスクで相談簿を眺めながら苛立つ私に、宮崎局長が言った。

「無謬《むびゅう》だな」

「何ですか？　むびゅうって？」

「無謬ってのは、理論や判断に間違いがないって意味なんやけどな。官僚組織はよく無謬性の原則なんていうものに囚われたりするんだが、『その政策が失敗した時のことを考えたり議論したりしてはいけない』っていう信念みたいなもので、『一度出した結論が間違っているわけがない』という考えに囚われているから、間違いを認めて改善する方向になかなか進んでいかないんだ。佐賀県警は無謬主義の呪縛に陥っているんだよ」

「今回で言うと、最初に金銭トラブルだと判断を出してしまったから、その後に色々と矛盾する証拠が出てきてもなかなか認められないみたいな感じですか？」

「その通り」

判断は常に正しく間違いはない。

一度結論が出た後は、是が非でもその結論にすべて合わせていく。

一度カラスは白いと決めたら何があっても白いままなのだ。

果たしてそんな状態に陥った警察組織の結論を、ここからひっくり返すことはできるのだろうか。やればやるほど頑なになっていく佐賀県警に私の心は削られていた。

ましてや遺族は、この時もっとダメージを受けていた。

無謬の中で

「このままでは瑠美が浮かばれない。せめて非を認めて今後二度とこういうことが起きないように佐賀県警にはしっかりと反省してほしい」

遺族が私たちの取材に応じ続けた動機はそれだけだった。

しかし特集を放送すると、佐賀県警は対応に不手際はなかったと、最悪の形ですべてを翻してきた。意を決して取材を受けて、佐賀県警が改心するかと期待していた遺族が虚無感とやりきれなさでいっぱいになったのも無理はない。

そんな状況下で、さらに遺族の気持ちを挫《くじ》く出来事が起きた。

それは、東京は千代田区紀尾井町《きおいちょう》にある出版社の「○○砲」で有名な某週刊誌の記事だ。

私たちの特集がネット上で話題になっていたのを見たのだろう。その雑誌の編集部が運営するネットメディアに太宰府事件の後追い記事が掲載された。

読んでみると、この記事を担当したライターは、遺族が一番嫌がる書き方をしていた。つまり、山本がいかに悪女で、そんな山本に瑠美さんがどうやって洗脳されて「ホスト漬け」にされ、どんな暴行を受けて惨《むご》たらしく死に至らされたかという部分だけを我々のネット記事の写真を引用して抜き出しており、隆さんらが佐賀県警を頼ったのに助けてくれなかったという今回の事件の核心となる話には全く触れていない内容だった。

それに加えて、あろうことか遺族への取材を一切おこなわずに記事にしていた。

遺族にとってみれば、一秒も話を聞きに来ず、ただ一方的に瑠美さんがどのように洗脳され、暴行され、命を落としたかだけを取り上げた記事なんて何の意味があるのだろう。

この記事を読んで、事件当初にマスコミから受けたメディアスクラムの嫌な思い出が遺族の気持ちの中で蘇ってしまった。今回、遺族が我々の取材を受ける上で最も気にしていたのが、遺された子どもたちへの影響だ。この頃、隆さんは山本たちのせいで抱えた多額の借金を返済しようと、以前にも増して日本中をトラックで駆けずり回っていた。

となると、子どもたちを家で育てることは到底不可能で、子どもたちはメンタルケアも兼ねて児童養護施設に入所していたのだ。子どもたちに事件のことはもう触れさせたくないという遺族と我々の意見は合致していて、太宰府事件について放送する時は事前に遺族に告知し、遺族から施設に連絡してその時間はテレビを見ないように配慮までしてもらっていた。

そこまでの配慮をしていた矢先に出た、閲覧数稼ぎのためでしかない後追い記事。

何の信念も見られない週刊誌記事のせいで、遺族の気持ちが負の方向にグラつき始めていた。

「邪魔すんなよ！」

ほとんどがウチの記事の引用のくせに、YouTubeの生配信で偉そうに事件解説をする担当記者を見ながら反吐《へど》が出た。

この一件で「そろそろもう止めようか」と話す遺族も出てきた。自分たちの主張はちゃんと世間に知られた。でも佐賀県警は当初の主張を変え、「対応は適切でしたよ」と言い始めた。もちろんそれには腹が立っているが、一番守らなければならない子どもたちもいる。このあたりでもういいのではないか……。

次々とメンタルが不調になる遺族たちの様子を目の当たりにしながら、取材を続けることは本当に遺族のためなのだろうか？　私は、そんな風に考えるようになっていた。

そして、私は私で社内に対する不信感を募らせ始めていた。5日連続の特集に向けて準備をしていた頃、報道部内では「背景が複雑すぎてよくわからない事件を、夕方のニュースで5日連続の特集を組むって……、そんな面倒くさいことに巻き込まれたくないな」という空気が少なからずあることを感じていた。

確かに人間関係や背景も複雑な事件だ。加えて映像づくりも大変だし、とても手間がかかる。だから巻き込まれたくないという気持ちもわからないではない。

ところが、実際に報道すると予想以上の反響を受け、世間から称賛の声が届くと、そういう人たちに限って手のひらを返したかのように鼻高々になり、「報道部の総力で頑張りました！」みたいなことを部外に平気で言うのだ。しまいには、会社のホームページに、「TNC報道部が総力取材！　すくえた命」みたいなバナーまで登場し、取材班の面々は「頑張ってるの俺たちだけなんだが……」と苛立ったりもしていた。

何だか勝手に盛り上がっている社内。

心が折れかけている遺族へのフォロー。

その狭間で、「これ以上追う意味があるのか？」と自問自答する日々が続いた。

そんな中、相談簿が手に入ったこともあり、1週間ぶち抜きで特集第2弾を放送するようお達しがあった。再び1日10分くらいの特集を5本作れというのだ。

「これは社業だから」

普段この件から逃げているあるデスクにそんなことを言われて、なおさら腹が立った。

前回は制作期間が2ケ月、今回は1週間程度しかない。

本気で言っているのか？　そんなもの簡単にできるわけないだろう。

どんなことを指示しているのか本気でわかっているのだろうか？

思わず上にそんな文句を言いたくなる指示だった。

遺族を置き去りにして報道しようとしていることに対して、それって遺族が嫌悪感を持った某週刊誌と同じレベルなのではないか？　と考えるようになってしまっていたのだ。体も心もすでに臨界点。だが、そんな甘えたことも言えないほどやるべきことが次から次へと出てきた。

実はこの頃、山本たちの裁判がすでに始まっていた。というのも、瑠美さんに対する傷害致死と死体遺棄事件は、年が明けた2月から裁判員裁判で審理されることになっていたが、それ以外の恐喝事件や夫・隆さんに対する恐喝未遂事件は分離して先に裁判が行われていたのだ。

隆さんの車に乗り、今後どこで使うかわからないけれど、助手席でカメラを構え、話を聞きながら裁判所に向かっていた。

「隆さんも今度、証言台に立つんですよね？」

「そうなんですよ……。すごい緊張しいだからうまく喋れるかどうか……。どうでもいい話なんですけど、山本に10年以上金を取られてたでしょ？　だから瑠美と結婚式を挙げられてなかったんですよ。でも瑠美はずっと結婚式がしたいって言ってたから、山本からの請求が一時なくなった6年くらい前に、結婚式挙げたんですよ。それで、誓いのチューするじゃないですか？　その時に俺緊張しすぎて全然違うタイミングでしちゃってですね。みんなに笑われたんですよ。そのくらい人前に立つのが苦手なんですよね」

隆さんは苦しい中でも、幸せだった夫婦の記憶を辿りながら生前の瑠美さんのことを話してくれた。

「でも、今になって証言台に衝立《ついたて》を用意してもらえばよかったって後悔してます」

「それはどうしてですか？」

「やっぱり山本が怖いからですね……」

「山本が暴力団関係者じゃないってわかってもですか？」

「やっぱり10年間の積み重ねっていうか、もし法廷で睨まれたりしたら、うまく話せんようになるかもしれんです」

山本はヤクザとは関係がなかった。それにすでに捕まっていて何か危害を加えてくるわけでもない。それでも怯える隆さんを見て、それだけ長い間地獄の中に身を置いていたのだと改めて感じた。

「でも、自分が知らないことも裁判でたくさん出てくるだろうからですね。いつか子どもたちに話す時のためにも、しっかり見届けたいと思います……」

隆さんは、性格的に感情を表に出さないタイプで、いつも冷静な人だ。

怒る時も激昂せずに静かに怒るような人なのだが、この頃は裁判に、佐賀県警との闘いにとキャパシティーを大きく超えることが重なっていたのだろう。その日は突然、堰を切ったたように感情を爆発させて泣いた。

それは瑠美さんが亡くなった時の話をしてくれた時だった。

「瑠美が亡くなって葬式の時にですよ、上の子が『パパごめん、ママ守れんやった』って泣きながら言ったんですよ……」

隆さんの目から大粒の涙が溢れ出した。

「………」

私は何も言葉が出てこなかった。

「娘のその言葉を聞いて、悔しくて情けなくて……、本当は自分が瑠美のことを守らなくちゃいけんかったのに……、なんでこんな小さな子に泣きながらそんなこと言わせんといけんのやろうか……」

隆さんは感情を露わにして号哭《ごうこく》した。


私の家も隆さんの家庭の状況と少し似ていた。2人の子どもは上が女の子で下が男の子。仕事が忙しくて子どもの相手はほとんどできず、子育ては妻に任せっきりだ。

そんな中で妻を自分の力不足で死なせてしまったら……。

忙しい母親を助けるため、お姉ちゃんになろうと一生懸命背伸びをしている娘と、甘えたい盛りの息子から母親が突然奪われたら。

それだけで胸が張り裂けそうなのに、娘にそんなことまで言わせてしまったら……。

気付けば私も嗚咽《おえつ》交じりで号泣していた。

これまでにも殺人事件やいじめ自殺の遺族の取材をした経験は何度もある。

その時は感情をむき出しにする遺族を前に、取材者である自分は冷静にそれを伝えなければと思い、感情を表に出さないように心がけていた。

でも、今回は到底無理だった。

「つらいですね……なんでなんだろう……」

そんな言葉しか出てこなかった。

それから2人で泣いた。隆さんはハンドルを握り潰す勢いで手に力を込めながら、「どうして自分がこんな目に遭わないかんのやろうか」と言った。

「あぁホントに佐賀県警ムカつく」と言い合いながら、福岡市の中心部を走る。

私の泣き声の方が大きいこの映像はきっと使いものにもならないだろうが、そんなことはもうどうでもよかった。

散々泣いて、愚痴を言って、嘆きながら裁判所に向かう。

ため込んでいたものを爆発させたせいか、裁判所に到着するころには2人とも気が晴れたように少しだけスッキリした顔になっていた。

「塩塚さん。やっぱり今はまだ納得できないので、納得できるまでやりたいです」

隆さんの言葉を聞いてハッとした。

なんでお前の心が先に折れかけているんだ。それこそ佐賀県警と同じじゃないか。

市民に寄り添うことを止めたから瑠美さんは亡くなったのに、それを追及しているお前がなぜ最後まで寄り添わないのか。

改めて自分の心に火が点いたのがわかった。

周りは関係ない。遺族がやりたいと思うところまで一緒に頑張ろう。

2回目の遺族説明

そんなことを誓った矢先の12月5日。佐賀県警はそんな私たちの心を完全に折りに来た。

2回目の遺族説明が行われることとなり、隆さんと妹の真理さんが佐賀市内のホテルに呼び出されると、前回遺族に謝罪した武田管理官が説明を始めた。

しかし県警側は一連の放送を見て、争点となっているテープ起こしの部分の証拠がないことに気付き、1回目の説明とはまるで違うことを話し始めた。
以下は遺族が録音したデータを基に2時間半の説明の一部を抜粋したものだ。

隆「鳥栖署で対応した綾部巡査長に『文字起こしを』という話をされたから、自分たちは（その作業が終えるまで）来署しなかったということなんですよ」

武田「その件については、重ね重ね（綾部に）聞いたんですけど、そういうふうに言った事実っていうのは確認できなかったですね」

真理「覚えてない、記憶にない、っていうことですか」

武田「逆に、すみません、どういう言い方だったってことなんですかね。本人はそういうことは……って確認できないんですけど、調査では……」

隆「3時間じゃ長くてわからないんで、何時何分のところが恐喝で、脅迫に該当するかをわかりやすく付箋をして持ってきてくださいっていうふうに言われたんですよ」

武田「隆さんに言ったってこと？」

隆「はい、あともう一人、当時、富田啓太という者が一緒に来署してたんですけど、2人でそういうふうに聞いていて、自分たちも『素人じゃどれが脅迫でどれが恐喝かわからない』と言ったら、綾部に『今時携帯でググればどれが脅迫かなんて出てきてすぐわかりますよ』というようなことを言われました」

武田「そこはですね、おっしゃってますのでみなさんがですね、何回もそこは確認したんですけども、確認できない、そういうふうな発言をした事実は、ということなんです」

隆「この前7月に私たちに回答されてたじゃないですか。その時の回答は確か『それ（文字起こし）は捜査内容のことを説明したつもりだ』というふうにお答えされていませんでした？」

武田「それは仮定というか、こちらで調べても本人からそういう事実は確認できませんし、ただ、そういうふうに言われたとおっしゃってましたんで、どういう状況が考えられるんだということで、可能性として。隆さんはそう聞いたとおっしゃいますし、ただ本人からは出てない。そういう事実っていうのは確認できないものですから。仮にあるとしたら、そういうことなんじゃないかということをお話しさせていただいたということなんですね」

もう無茶苦茶だ。

真理さんに電話をつなぎっぱなしにしてもらい、この話をホテルの駐車場でリアルタイムで聞いていた私と青野カメラマンは唖然とした。

特集を見て「テープ起こし発言」の録音がないことがわかった途端、佐賀県警は見解だけでなく、1回目に説明した事実さえもすべてひっくり返してきた。

ちなみに1回目の説明ではこう言っていた。

高村「結論から先に言うと、綾部の説明が不十分だったんだろうと。被害届を出しに来られている方に、テープ起こしをしろとか事実判断をしろとか、どこの県警でも一切ありません」

富田「言われましたよ」

高村「それは『こういう作業をするんだという意味で説明した』と」

富田「いいえ」

高村「その説明がダメぜ？　と本人にはそういう指導をしましたけど、本人は『高畑さんたちにテープ起こしをして持ってこいというつもりで言ったんじゃありません』という説明をしました」

高村刑事官ははっきりと言っていた。

テープ起こし発言はしたけれども、遺族にやってこいという意味じゃないと。

しかも武田管理官もその場にいた。遺族がその説明を録音していたことももちろん知っているのだ。

ここまで来ると逆にすごい。

もう遺族に理解してもらうことはやめたのだろう。

佐賀県警は態度をコロッと変えて「事実は確認できない」を鸚鵡《おうむ》のようにひたすら繰り返す「馬鹿なフリ作戦」を貫き通し始めた。

しかも話を聞いていると、どうも佐賀県警は「不備があった相談簿」を逆に武器にし始めている節がある。つまり、1回目の遺族説明の時には、

「相談簿の内容が薄っぺらかったから事件性に気付けませんでした」

と謝罪していたが、今では、

「相談簿にはそんな記載がないから確認できないんですけど、何の話ですか？」

みたいな具合だ。

1回目の説明と違う見解があまりに増えたので、こうなると遺族は、「綾部が調査になんと答えたのかその内容を教えてください」となる。

以下はそのやり取りの抜粋である。

真理「正直私たちが聞きたいのは、綾部さんが何と言っているのかっていうことなんです。綾部さんが私たちにはこう言っていたけれども、警察の調査ではどう言っていたのか」

武田「具体的にっていうのはあれなんですけど、一旦申し上げたように、そういったことを

本人から確認できていないっていうのが最終的な事実……」

真理「それは文字起こしの件ですよね。それ以外にも、綾部さんがどういう説明をされているのかっていうのを。すべて（調査）されてると思うんですよね、今回関わったことに関して」

武田「全体的に話は聞いてます。ただ、求められているのが、その一言一句どういったことを言ったというものまでは、やっぱりわからないですね、そこは……」

（中略）

真理「7月に回答するにあたって綾部さんに聞き取りをされているわけですよね」

武田「はい」

真理「それについてどんな風なお話をされているのかを聞きたいんですよね」

武田「内容については具体的なことはお答えできないのかなと思うんですけど……」

真理「というのはどうしてですか？」

武田「一応、なんていうんですかね……個別のやり取りになってまいりますし……」

（中略）

隆「要はですよ、私たちが6月に質問をしましたよね。で、それに関して綾部さんに、これに関してどうだったの？　っていうのを調査されたわけですよね。当時はこの相談簿をもとにして聞いたと思うんですけど、それに関して綾部巡査長がどういう風に言っているのか、その調査した時に何を言っているのかっちゅうのをお聞きしたいっていうことなんですよ」

（中略）

武田「1回説明させていただいた内容がその聞き取った内容ってことですよ。（中略）それは書類がありませんから」

隆「書類がない？」

（中略）

武田「なので、代わりに口で、前回、説明させていただいたというところです。そういう出し方ができないので。なるべく口頭でお伝えしたかったんですね、口頭で説明したというところです」

真理「じゃあ請求しても、その捜査（調査）の公文書は出せないってことなんですか」

武田「そこはちょっとまた別途検討といいますか」

真理「別途？」

隆「一応、調査してるっていう風な、警察内部での資料としてはあるっていうことなんですよね？　要は、公表する公表しないは別ですけど、まぁ、そういう風な聞き取りをしましたっていう様な、7月に回答したことに対しての文書等は残ってはいるんですよね」

武田「そうですね」
真理「じゃあそれを請求させてもらったらいいっていうことですよね」
武田「そこが開示対象となり得るかどうかっていうのは別の話です」
（中略）
真理「ちょっとおっしゃってることが理解できないんですけども。要はその文書って、私たちが請求をすれば頂けるものなのかそうじゃないのか。で、調査をする際の書類が作られているのか、調査途中の資料っていうのがあるのかないのかっていうところなんですよね」
武田「ん……」

堂々巡りのようになってきたが、県警が言いたいことを要約すると、6月に質問状を受け取って綾部巡査長に聞き取り調査を行っている。遺族はその聞き取りに綾部巡査長が何と言っているかを知りたがっているが、個別のやり取りについてはここでは答えられないし、調査内容を正式な公文書としては残していない。聞き取りメモなどは取っているが、それが情報公開請求の開示対象となる公文書にあたるかどうかは別の話で、申請してもらってからじゃないと開示できるかどうかの判断もできない、ということだ。

遺族の質問状を受けて調査を行ったのに、その内容を知りたければ情報公開請求してください、というとんでもない寄り添い方をしてきた佐賀県警。

遺族はすぐに内部調査に関する資料の公開請求をした。

すると、佐賀県警は「遺族が6月に提出した質問状」を開示するというまたもや感情を逆なでする対応をとったほか、聞き取り調査の資料は一切残っていないと回答してきた。

佐賀県警が公式に、警視クラスの人間を使って調査チームのようなものを作り、聞き取り調査をしたにもかかわらず、その調査結果を公文書として一切残していない。この組織は一体どんな調査をしたというのだ？

しかし、そう答えるのも当然と言えば当然だった。なぜならそんな調査資料を遺族に見せたら、綾部巡査長がテープ起こし発言について何と言っていたかについて、今度は2回目の遺族説明と齟齬《そご》が生じてしまうからだ。

「もう言ってることが訳がわからなくて、途中で呆れて笑っちゃいました」

言葉とは裏腹に隆さんは怒りで震えていた。

こんなバカな話はない。特集第2弾まであと2日しかなかったが、この話を特集1日目に放送することに決めた。

本部長直撃

12月7日「ももち浜ストア特報ライブ」で、特集第2弾がスタートした。

1日目は、佐賀県警が主張をひっくり返した2回目の説明会の内容について、1回目と2回目の説明の実際の音声を使いながら、いかに矛盾しているかを突いた。

2日目と3日目は、遺族がやっとの思いで取り寄せた相談簿についてだ。

まず2日目は、9月25日の「脅迫の被害届」に関する相談簿に焦点を当てた。

隆さんは「被害届を出したい」と言っているのに、被害届等の意思は「現在のところなし」にチェックされていたことや、綾部巡査長は録音をほとんど聞かずに後日刑事課を訪ねるよう言って帰していることや、相談簿には遺族が後日来ることは全く記載されておらず、しかも「継続」という項目ではなく「解決」にチェックされていたことなどを解説した。

それに加えて、新たにわかったこともあった。

そもそも相談簿の作成はどんなルールで行われているのか気になった私は、佐賀県警の訓令・例規通達といういわゆるルールブックを取り寄せた。

それによると相談には「苦情」「相談」「要望」と3つの区分がある。隆さんが被害届を出しに行った日の相談簿は、このうちの「要望」にチェックがされていた。しかし、ルールブックを見てみると、

「要望……警察が直ちに措置を執ることを求めていない点から相談や苦情と異なる」と書かれてあった。被害届を出したいと言っているのに「直ちに警察措置を執ることを求めていない」とされていたのだ。この件に綾部巡査長がどれだけ後ろ向きだったのかが見て取れた。

ちなみに「相談」という区分は、相談者が困っている案件について、対応方策が明確にはわからないために、警察からの指導助言を求め、又は何らかの警察措置を執るよう依頼すること、と定義されていた。

2時間半に及んだ切実な願いは、「相談」ではなく、単なる「要望」と処理されたのだ。

3日目は、遺族の一連の相談が金銭トラブルだけではないことも取り上げた。

そこには「洗脳されている娘を救いたい」や「姉が薬物を使用している」など、山本の名前を出しながら、日に日におかしくなっていく瑠美さんを何とかして救い出したいという気持ちがしっかりと書かれていたことを解説した。

佐賀県警の主張は、矛盾していないか？

どう考えても無理筋ではないか？

視聴者にそう問いかけるような構成を組んだ。

実は最初の3日間をこのような構成にしたのには、狙いがあった。

特集4日目の12月10日。

この日は、杉内本部長にさらなる追及が行われる日だったからだ。

舞台は佐賀県議会の総務常任委員会。ここでは国会で警察トップを追及した田村智子議員とも親交がある共産党の井上祐輔《いのうえゆうすけ》県議が、相談簿も用意した上で質問することになっていた。

私はこの日の編集を慶さんと藤野に任せ、再び佐賀県議会に向かった。

委員会が開かれる部屋への動線は一つ。議会答弁を行った後に確実に直撃ができる状況であることを確認した後、注目度が格段に上がり、ぎゅうぎゅう詰めとなった傍聴席に腰掛けた。

杉内本部長は最前列に座ると、メモに何かを走り書きして後ろに回した。

この総務常任委員会には佐賀県警の幹部のほとんどが出席している。幹部たちはまるで教師にバレないように手紙を回し読みする中学生のようにそのメモを読んだ。

質問時間は本会議の時とは比べ物にならないほどたっぷり用意されている。

多数のマスコミが注目する中、井上議員の質問が始まった。

井上「県警本部長に伺います。（中略）改めて本事件に対する杉内警察本部長の受け止めについてお伺いをいたします」

杉内「一連のお申出の趣旨は、被害者の女性をめぐる金銭貸借トラブルをどうにかしてほしいというものであり、当時、鳥栖警察署におきましては、御遺族からのお申出に応じた対応を行っていたところでありますが、一連のお申出の内容からは、被害者の女性に直ちに危害が及ぶ可能性があるとは認められませんでした。しかしながら、県警察といたしましては、結果として被害者の女性がお亡くなりになられるということは大変重く受け止めており、本件を今後の教訓としてまいりたいと考えております」

井上「結果として事件性に気づけていなかった、そのことに関して遺族に一言も謝罪はないのでしょうか」

杉内「被害者の女性の方がお亡くなりになられたことにつきましては大変重く受け止めておりまして、今後の教訓としてまいりたいと考えております」

井上「謝罪をする気はないのか、それともあるのか、はっきりお答えをいただきたいと思います」

杉内「繰り返しで大変申し訳ございませんが、被害者の女性がお亡くなりになられたことは大変重く受け止めており、本件を今後の教訓としてまいりたいと考えております」

井上「謝罪をする気はあるというふうにはおっしゃられません。ないというふうに認識をさせていただきます。
これは誰の責任で、最終的に（対応に問題はなかったという）結論を出されたのか。これは本部長が最終的に確認をして決裁をしたという認識でよろしいのでしょうか」

杉内「県警察として確認をさせていただいたということでございます」

井上「ですから、その県警察としてということは、杉内本部長の責任で確認をされたということですか」

杉内「県警察において確認をさせていただいたということでございます」

井上「じゃ、誰の責任でこれは確認したんですか！　誰が責任者ですか！　明らかにしてください」

杉内「県警察においてということは、県警察の責任者としては私、本部長になるかということでございます」

この後もリピート機能付きの再生装置のように、同じ調子が続く。

井上「県警察の調査結果、これで（遺族と）多くの食い違いが見られている、これは先ほど示したとおりです。そして、この県警と遺族との主張の食い違い、相違点、ここについて、どういったところが認識が違ったというふうに県警として認識をされているのか、そこの認識のところについてはいかがでしょうか」

今度はこのリピート再生機能に福地《ふくち》雅彦《まさひこ》刑事企画課長が加わった。

福地「認識の違いについてお答えいたします。事前に御遺族のお考えや御意見を把握した上で、慎重に事実を確認した結果に基づいて発表したものでございます」

井上「実際に御遺族の方たちは納得をされていません。納得をされていない、このことについては認識はありますか」

福地「認識についてでございますけれども、事前に御遺族のお考えや御意見を把握した上で、慎重に事実を確認した結果に基づいて発表したものでございます」

井上「その発表された内容と御遺族が主張された内容が食い違っていると、その認識はありますか」

福地「慎重に事実を確認した結果に基づいて発表したものでございます」

井上「ですから、それは県警が発表した内容ですよね。遺族の方が納得をしていない、これは認識をしていますかというふうにお聞きしています。委員長も答えさせてください、しっかり質問に対して」

定松《さだまつ》（委員長　自民）「認識の違いはあるのかないのかということをお答えください」

福地「お答えいたします。御指摘の食い違いについて、何を指すのか判然としませんが、事前に御遺族のお考えや御意見を把握した上で、慎重に事実を確認した結果に基づいて発表したものでございます」

井上「よくそんな答弁ができますね。これだけ報道でも遺族が主張されている内容と食い違っているということは、もう県民の皆さんも御存じですよ。それを判然としないと。それは県民に寄り添う姿勢がないんじゃないですか」

この様子は本社で慶さんと藤野が見ている。そのまま放送してしまえと思った。

また、9月25日の相談簿においては『解決』というチェックではなく、『継続』と誰が見ても認識を共有できる相談簿にしなければならなかったのではないか？ と、井上県議が引き継ぎの仕方の問題点について激しく詰め寄ると、佐賀県警の刑事部門のトップ、井手栄治《いでえいじ》刑事部長が答えた。

井手「本年10月に発表した調査結果につきまして、先ほど申し上げましたように、7月に御遺族に直接説明する機会を通じてお伺いした御意見を踏まえ、関係書類の確認のほか、申出対応職員等への確認を行うなど、慎重に事実を確認した結果に基づいて発表したものでございます。以上です」

井上「私がお伺いをしているのは、最終的な事実確認結果のことではなくて、9月25日の相談簿について、当日対応された方たちの記載では『解決』というふうにされていました。これについては、後日来てくださいと警察官のほうからおっしゃられている。そういう内容であれば、『継続』につけるべきではなかったんですか。そこについて、私は不備があったんじゃないかというふうに思っているんです。その点についての見解を伺います」

井手「9月25日の相談取扱手法に不備があるのではないかというふうなことでございますが、当時、申出者側は夜間の来訪を希望されたことから、当時の当直の刑事が対応いたしますが、現場出動があった場合は内勤当直が対応するということをお伝えして、当直時間帯には対応できないことがあることもお断りをした上で、刑事部門の当直の警察官が当時対応することにしておりました。そういったところ、事件対応で刑事部門の警察官全員が現場出動しなければならなくなりましたことから、9月25日につきましては他の部門の警察官が対応することとなっておるところでございます。このため、対応した警察官は事件性の判断をする上で、直接事件を担当する刑事課で最初から申出者のお話を聞き、録音された音声を確認したほうがより的確に対応できるということを考えまして、後日改めて刑事課に申し出てもらうよう依頼したものであります」

井上「今お話があったとおりです。後日また来てくださいと。『解決』ではありませんよね。

『継続』とするべきじゃなかったんですか。どうして『解決』にチェックをされたのか」

福地「繰り返しになりますけれども、本年10月に発表した調査結果は、本年7月、御遺族に直接説明する機会を通じてお伺いした御意見を踏まえ、関係書類の確認のほか、申出対応職員等への確認を行うなど、慎重に事実を確認した結果に基づいて発表したものでございます」

井上「委員長、質問に答えてないですよ」

定松「『解決』ということでの記載、それについての認識ということで質問をなされていると思いますが」

井手「先ほどの相談簿の9月25日の分でありますけれども、発表した調査結果につきましては……」

井上「調査結果じゃない！　全く話が進まないじゃないですか、質問に答えてくれないと！」

質問をはぐらかす。都合が悪くなると論点をずらす、佐賀県警の得意技がこれでもかと披露される。佐賀県警はその後も井上県議の質問に対して沈黙、言い逃れ、論点ずらしを繰り出し続けた。

そして最後に井上議員が、

「内部の内部による、内部のための調査だというふうに言わざるを得ません。当事者の県警として、この調査が限界ではないかというふうに思います。だからこそ、第三者を入れた再調査を行うこと、それが原因の究明につながるし、今後の警察活動の教訓になるというふうに思います」

と述べ、杉内本部長に見解を問うと、

「繰り返しにはなりますが、御遺族に御説明をする機会等を通じまして、そのお考えや御意見を把握しておりまして、それらを踏まえて関係書類の確認のほか、申出対応職員等への確認を行うなど、慎重に事実を確認しましたことから、再度の調査を行う予定はしておりません。しかし、いずれにしましても、被害者の女性が亡くなられたことについては重く受け止めており、今後の教訓としてまいりたいと考えております」

と述べた。

この調査結果から何を教訓にするのだろう。

相談の在り方や相談簿の付け方、さらに情報共有の仕方などに何一つ不備はなかったと言うならば、この組織は今後も市民の安全など守れやしないだろうと確信した。

委員会室を一足先に出て、杉内本部長直撃のために廊下で待機する。

この頃、佐賀でもすっかり顔が知られていた私に、「塩塚さん、本部長が来たら先頭で突っ込んでもらっていいんで!」などと、佐賀の記者たちが直撃に都合のいい場所を私に譲ってくれた。

「すみません。ありがとうございます」と言いながら、「本当はあなたたちの主戦場でしょうが」と心の中で呟いた。

本部長が部屋から出てくる。直撃のチャンスはもうそうそう訪れないだろう。

四方を警察職員に囲まれながら、足早にその場から去ろうとする本部長にマイクを向けた。

「本部長、誰もが納得する説明をされたとお思いですか?」

そう問うが、無言を貫き、逃げるように急いで階段に向かう本部長。

側近の人間は「広報を通じてください」とガードする。

「議会に対しても不誠実な対応なんじゃないですか?」

そんな問いかけにも口を噤《つぐ》み続け階段を駆け下りる。

「謝罪はされないんですかね? 遺族に」

「もうこのまま終わらせるつもりですかね?」

「第三者を入れた再調査はおこなわないんですか?」

何を聞いても終始無言の本部長は、車寄せに止めてあった「VIP」と刻まれた黒塗りの公用車に乗り込むと、県議会からわずか200メートルの場所にある県警本部へと逃げるように消えていった。

直撃が終わり「ああ、もうこの人には何一つ権限はないんだな」ということを肌で感じた。組織が小さい佐賀県警の本部長というポジションは、警察官僚のキャリアとしてはまだ7合目くらいの立ち位置だ。そんな人が佐賀に来て、特に大きな事件も起こらず平和にキャリアを積んでいけると思ったら、こんな大事に巻き込まれて追及される。

しかも、自分のテリトリーで起きた案件を、警察組織のトップである国家公安委員長に国会の場で答弁させるという、これはもうキャリア官僚からしてみると超最悪の事態だ。

おそらく杉内本部長も、自分の意思でコントロールできなくなっている状況なのだろう。だから、あのような答弁をせざるを得ない事態になっているに違いない。もう杉内本部長個人の力では、どうすることもできない状態になってしまっており、「警察組織の無謬主義の呪縛」の渦中にいるのだ。

杉内本部長の過去の経歴を調べてみると、佐賀に来る前は大阪府警で被害者支援などに力を入れてきた人物だった。ある議員に取材したところ、今回の事件も、遺族にはせめて自分の口から説明したい、と言っていたらしい。

だが警察組織としては本部長にそんなことをさせるわけには絶対いかないし、佐賀県警の上の警察庁が許すわけがない。もう警察としては一つの結論を出してしまったので、そんな状況下でスタンドプレーは許されない。こう書くとなんだか杉内本部長が気の毒に思えてくるが、そもそも佐賀県警を統率できなかった杉内本部長に問題がある、と言わざるを得ない。

会社に帰り着いた時、ちょうど4日目の特集の放送が終わっていた。オンエアの録画を確認すると、同じ答弁を繰り返す本部長や幹部たちの滑稽な姿が存分に使われ、直撃もノーカットで放送されていた。

佐賀県警の真の姿を視聴者に伝えようと、当日編集というとんでもない作業をやり終えた取材班の面々は、疲れ果てた顔で私にグッと親指を立てた。

慶さんも藤野も水谷も永松さんも、青野カメラマンも橋本編集マンも取材班全員がそれだけ佐賀県警に怒っていた。

いつも極力フラットな視点で番組づくりをしているつもりの私も、この頃、遺族への感情移入の度合いが以前よりも強くなったのと、何をやっても暖簾《のれん》に腕押しの佐賀県警に対する怒りから、冷静な報道を心がけることが難しくなり始めていた。

特集最終日、前日の杉内本部長らの答弁を見た瑠美さんの母親、圭子さんのコメントを紹介した。

「本部長は同じ答弁の繰り返し。呆れたのと怒りの気持ちです。私たちは県警に負けたくない」

解説記者としてスタジオにいた私はこの圭子さんのコメントを受けて、溢れそうな怒りと悲しみとやるせない気持ちを胆《きも》で支えながら、カメラの前で吼《ほ》えた。

「ご遺族はただでさえ瑠美さんという大切な家族を失い、今でも深い悲しみを背負っています。そこに本来寄り添うべき警察がさらに傷つけ続けている。このことをもう一度佐賀県警には、深く深く考えてほしいと切に願います」

ディレクターやカメラマンなどいわゆる裏方だった私は、画面に出るのがあまり好きではない。ましてや絶対にこんな姿を公共の電波に乗せたくないと思っていたが、溢れ出す気持ちを抑えきれずに、カメラの向こうで観ているであろう佐賀県警の関係者に目に涙を溜めながら震える声でこう訴えていた。

第3章

2人の化け物

遺族会見

この特集第2弾も大きな反響を呼び、内外から多くの声が届いた。

佐賀県警のあまりのひどさに、ようやく他のマスコミも本腰を入れて取材を始め、遺族のもとには記者たちから多くの取材依頼が来るようになっていた。

一方で「再調査をしない」と明言した佐賀県警に対して、遺族が打つ手はあまり残されておらず、何とかして「第三者による再調査をおこなわざるを得ない気運」を高めなければならない状況でもあった。

「気が乗らないとは思うんですが、記者会見が一番いい方法だと思います」

ある日、隆さんたちから取材対応について相談を受けた私は、そんな提案をしてみた。

「今ウチ以外のマスコミが書きづらい理由って、素材を持ってないからだと思うんです。相談簿もないし、遺族が最後に相談に行った時の音声データも、警察から説明を受けた時のデータもないんです。だから、このタイミングで必要な素材を渡すんです。それを彼らにも託すことで、もしかしたら気運がもっと高まるかもしれません」

「でもそんなことしたら、塩塚さんたちが他と横並びになるじゃないですか。それでもいいんですか？」

遺族はそんな気遣いをしてくれたが、私はなんとも思っていなかった。

「独占したいなんてことは全然ないので、ご心配には及びません。それに今はもうそういう局面じゃないと思っています。多くのメディアが『おかしいものはおかしい！』と声高に叫んだ方がいいと思います。もし僕が皆さんの立場だったらそうします。ただ、それ以降は全メディアに対応しなくちゃいけなくなるし、これまで以上にメンタルはしんどくなるかもしれませんが……」

神妙な面持ちで悩む隆さんと圭子さん、そして真理さん。しばしの沈黙の後、彼らはこう決意した。

「おっしゃる通りだと思います。でも記者会見のやり方がわからないので、手伝ってもらえませんか？」

この頃の遺族は、何を言っても同じ回答を続ける佐賀県警に対する怒りがピークに達していた。あれだけメディアスクラムに遭って嫌な思いをしたにもかかわらず、遺族から佐賀県警を徹底的に追い詰めたいという、強い決意のような思いがこぼれた。

記者会見は福岡の司法記者クラブ主催で開かれることになった。12月の幹事社だった西日本新聞の木村知寛《きむらともひろ》記者が会場を手配してくれた。

木村記者は2011年入社の同期で、私が北九州支局に赴任していた時に、同じ北九州地区暴力団犯罪捜査課の担当記者をしていた。同期の私にも敬語を使うほど腰が低く誰に対しても優しいが、柔道家で芯をしっかりと持っている彼は、私にとって数少ない信頼のおける記者だ。

今回の佐賀県警の対応に関しても、厳しく追及していく姿勢を見せていた彼は、その人柄もあってすぐに遺族と打ち解け、私にとっても心強い味方となっていた。


それぞれが仕事で忙しい中、記者会見用の資料を手探りで作成していた遺族。

その過程で、ずっと欲していたあの件の証拠が見つかったと隆さんから連絡が入った。

「塩塚さん！　ついに見つかりました！　テープ起こしの証拠！」

「本当ですか？」

隆さんがいつになく興奮していた。

「弁護士の先生が当時、私たちの相談記録を取っていたんです。鳥栖署に被害届を出しに行った何日か後に事務所に行ってたんですけど、その時のやつ！　画像送ります」

隆さんから送られてきた画像には、「鳥栖署に録音のどの部分が罪に当たると思うのか特定するよう指示された」と書いてあったほか、「今、テープ起こしをしている」とはっきり記されていた。

メモの作成記録は令和元年9月30日。

鳥栖署に被害届の提出を断られた5日後だった。

「よく見つけましたね！」

「事件後も色々と後処理で先生の所には相談に行っていたので、その中にこのメモが埋もれていたんですけど、先生が気付いてくれたんです」

第三者が作成した当時のメモの存在はかなり大きい。あくまでも間接的な証拠なので、これで佐賀県警が当時の発言を今さら認めることはないだろうが、少なくとも遺族が9月30日の時点で「テープ起こしをしなければ被害届を受け付けてもらえない」と認識していたことは証明され、士気は上がった。


さらに記者会見当日の朝。西日本新聞の朝刊を見た私は、思わず目を丸くした。

『佐賀県警幹部「対応に不備」発言認める、調査と矛盾』

木村記者が、1回目に謝罪をしておきながら、それ以降「対応に不備なし」と言ってきた刑事部の武田管理官本人から、「謝罪をしたことは事実」という言質《げんち》を取っていたのだ。

それまで佐賀県警はこの時の謝罪について、「警察の対応に不備があって申し訳ないという脈絡ではない」と言っていたが、木村記者は録音を改めて本人に突き付け「録音された通りです」と1回目の遺族説明で対応の不備を認めて謝罪していたことを認めさせていた。

武田管理官は、家族に説明した段階から見解が変化したのかと問われると「申し上げられない」、説明しない理由についても「言えない」と述べたとあるが、これまでの組織の説明との矛盾を浮き彫りにした、最大の援護射撃だった。

「さすがだわ！」

実は、私たちテレビ西日本も佐賀県警には何度も取材申請をしていた。

最初は杉内本部長、そして武田管理官、また途中からこの件のマスコミ対応と名乗っていた警備部の課長と、インタビュー取材を何度も申し込んでいたが、佐賀県警はこれを承諾することはなかった。

「録音・録画をしないなら検討しますけど」なんてテレビ局が到底承諾しないようなことを言ってかわされていたが、やはり佐賀県警記者クラブに所属していないことも大きく、諦めざるを得ない状況になっていた。

ところが、記者クラブに加盟しているブロック紙の西日本新聞の木村記者は、そこを見事に突破。我々が一番求めていた武田管理官の言質を記者会見が開かれるこのタイミングで取ったことに、私は思わず拍手をしていた。

ボルテージが最高潮に高まる中、開かれた記者会見には福岡のマスコミはもちろん、佐賀からも報道陣が大勢駆け付けた。

登壇した隆さんと圭子さん、真理さんは、慣れない場に大粒の汗をかきながらも、家族の身に危険が迫っていることを鳥栖署に何度も相談したけれど、自分たちの相談は勝手に「解決」と処理されて、事件化してもらえなかったこと。それにもかかわらず「対応に不備はなかった」と主張する佐賀県警に対し、「真実を明らかにしなければ再び同じことが起きる」ことを訴えた。

会見の模様は、多くのテレビ局が夕方のニュースで取り上げ、様々な新聞社が記事にした。

「やっぱり佐賀県警はおかしい」

そういう気運が県内はもちろん、県外にも広まり始めていた。

遺族がこの事件をなぜ、より多くの人に知ってもらいたいのか、それには大きな2つの理由があった。

一つはもちろん佐賀県警だ。

市民を守る側である警察という組織が、職務怠慢で市民の声に耳を傾けず、挙げ句の果てには尊い命が失われるきっかけを作ってしまった。

警察法には「警察の責務」について規定があり、次のように記載されている。

（警察の責務）

第二条　警察は、個人の生命、身体及び財産の保護に任じ、犯罪の予防、鎮圧及び捜査、被疑者の逮捕、交通の取締その他公共の安全と秩序の維持に当ることをもってその責務とする。

この通り、市民の命が脅かされそうな時、市民を助けるのが警察の責務ではないのか？もし警察が助けてくれないのならば、市民が事件や犯罪に巻き込まれそうになった時、一体どこに頼ればいいいんだろうか？

佐賀県警は、どう考えてもこの「警察の責務」を果たしていない。そんな警察の責務すら果たせない腐った組織は変えるべきだ、という声が社会からも多く上がっている。

それでもなお、変わろうとしない佐賀県警。

その醜態を、日本中の人に知ってもらうためだった。

そしてもう一つは山本、岸にできるだけ重い刑が下されてほしいがためだった。

結局2人は殺人ではなく傷害致死で起訴された。2人を絶対に許さない、だから傷害致死でも一番重い刑になるように、との思いが遺族の今回の会見の原動力だった。来《きた》るべき裁判員裁判に向けて、裁判員の心証に訴えかけていくためには、このタイミングで世間にこの事件がいかにひどいものかを喧伝《けんでん》したかったのだ。

会見が終わった後、予想を遥かに超える数の質問や意見が様々なマスコミから遺族に飛んできた。覚悟はしていたようだが、あまりに多いので、遺族らはかなりの負担を強いられているようだった。そして当然のことながら、この遺族の負担はそのまま私の両肩にものしかかってきた。

「◯◯新聞からこう言われてます。どうしたらいいですか?」

「◯◯放送からこんなことを聞かれてます、どう答えたらいいか教えてください」

そんな疑問や質問が何度も飛んでくる。

私はメディアの人間なので、本来ならば他の媒体から遺族へ来た質問に対して、アドバイスするのは良いことではない。というのも、私というバイアスがかかった指針で回答しているることになってしまうからだ。だから本当の気持ちで言うと、これには対応すべきでないと考えていた。

しかし、ここまで遺族と足並みを揃えて寄り添い、色々なことを乗り越えてきたのに、このタイミングで、

「いやごめんなさい。そこは遺族内で話し合って考えて、回答してください」

なんて突き放すことは、とてもじゃないが口にできなかった。

だから「あくまで個人の意見ですよ」というのを枕に、様々な質問に対してどう回答するべきかを遺族と話し合っていたが、「やってはいけない線を越えている」感じがあって、地味に心を削っていた。

宮崎局長や古江部長に相談することはできない。遺族のメンタルケアや、遺族間のすれ違

いに関して私が四六時中向き合っていることは2人も知っていたが、マスコミにどう対応したらいいかを遺族に助言していることは、まるでこちらが指針を決めているようで、もし2人が知ったら「それはやり方がまずいだろ」と言われる行為だった。

「やっていることは正解なんだろうか。どうしたらいいんだろう」

そういう風に思い悩む日々が増えてきた。

遺族をないがしろにはしたくない。

でもマスコミ対応に関しては、一定の距離を置く必要がある。

でも距離を置くと遺族は途方に暮れてしまうかもしれない。

無謬をひたすら貫く佐賀県警との戦いを続けても、この先負けることは目に見えていた。

だから遺族と共に立ち、行くべき道筋を照らす必要があった。


また、子どもたちの現状も変わらず気になっていた。

隆さんと瑠美さんの子どもたちは、相変わらず児童養護施設に預けられていた。

愛する妻を奪われた寂しさ、子どもたちを児童養護施設から引き取りたくても引き取れない自分の無力さ、何もかも烏有《うゆう》に帰している状態で残っているのは、莫大な借金だけ。

私も2児の父親として、隆さんの無念さは痛いほどよくわかる。でも同情することくらいしかできない。そんな遺族のリアルな現状を相談されれば、こちらもつい塞ぎ込んでしまう。

遺族が受けている精神的負担、無謬を貫く佐賀県警に対する遺族の怒り、メディア対応の細かなフォローも抱え込む。

そう、私は遺族のことを知りすぎてしまっていたのだ。


これはいつまで続くんだろう、そう考えると心はかなり限界のところまできていた。普段あまり家には仕事のことを持ち込まないのだが、この時ばかりは妻に、

「何が正解かもうわからんくなってきた」

と泣きついていた。

後から聞いた話だが、長い間テレビ局での仕事ぶりを一番近くで見てきた妻でさえ、

「この人このまま死ぬかもしれない」

と思っていたそうだ。私はこの時期、心も体もボロボロだった。

もし誰かに泣きついたら助けてくれたのかもしれないが、遺族とここまで深い関係ができているのは私しかいなかったので、皆あまりそこには触れないようにしていた。もちろん取材班の面々は気を遣って「しんどいねぇ」と言ってくれるけれど、それ以外の人間は相変わらずあまり巻き込まれたくなさそうな空気を出していた。

例えば私が太宰府事件に関する原稿を書き、取材班デスクの永松さんが休みの日に、他のデスクが原稿を見てくれるということになった時、そのデスクは見るのをとても躊躇《ためら》い、後

回しにして他のデスクの手が空くのを待ったりした。

本音では、やはり関わりたくないのだ。

太宰府事件は、たくさんのマスコミに取り上げられて世間からの注目も集まり、これほどまでに大きな話題になっているのだから、報道部の全員が同じ方向を向いて、この調査報道に乗っかってほしかった。

しかし現実は、一部の人間がまだ他人事のように振る舞っていることに、とてつもなく孤独を感じた。

私は多少のことでは心が折れないし、そのキャラクターを部署の人間はもちろん他部署の人間もよく知っているのだが、何も知らないような人間が軽々しく事件について知った口を叩くことに苛立ちを覚え始めていた。

この事件を報道する時、ニュースなのでどうしても毎回同じことを繰り返さなくてはいけない。太宰府で主婦がひどい暴行を受けて……、加害者との関係はこうで……、警察の対応は……みたいな概要を毎回冒頭に流す必要がある。知っている人にしてみれば「またかよ」という感じになるが、このニュースを初めて知る人もいるから、その枕は必要だ。

それにもかかわらず、現場経験のない、とある上司に、

「あの事件の報道、食傷気味だけどこの後どうすんの？」

と平気で言われたこともある。一瞬、ぶん殴ってやろうかと思いながらも冷静に答えるが、

「やっぱり全社をあげて戦ってくれてないんだな……」

と孤独感を覚え、取材班のやっていることは理解されていないと実感した。

こういう時に西川さんがいてくれたらな……。

そうこうしている間に2020年の年の瀬がやってきた。

もう一人の不審死

年が明けた2021年1月。

怒濤の出稿ラッシュとなった師走に比べ、自由に動ける時間が比較的多くなっていた取材班は、2月に始まる山本と岸の裁判員裁判を前に、事件の疑問点を解消しておこうと改めて被告たちの地回りを行っていた。

山本を担当した慶さんと藤野は、基山町にある山本が借りていた公営団地を訪れていた。ここは、瑠美さんが隆さんと住んでいた家から引き剥がされ、太宰府の家で山本たちと同居する前に1ケ月ほど住まわされていた場所だ。

この部屋は山本が契約したままになっていて、郵便受けには封筒がパンパンに詰め込まれた状態だった。２人がはみ出した郵便物を眺めていると隣の部屋に住む女性が話しかけてきたという。

「もうこれ何とかしてほしいんよね、多すぎて地面にいつも散らかっとるけん、私がまとめとるんよ」

怒りながら見せてくれたのは輪ゴムでまとめられた大量の封筒で、そのほとんどがサラ金や税金などの督促状だったという。

山本が実は借金まみれだったという事実を知った時、合点がいった。

山本という女は、周囲の人間を金でしか繋ぎ止められない人間だ。

誰かから金を搾り取らないと自分が孤独になる、おまけに山のような借金もある、隆さんが弁護士を入れると聞いて、この生活が狂うと焦ったのだろう。

しかも山本は自分では手を出したくないので、岸に手を出させる。山本も相当な人間だが、岸も同じくらい狡猾で残虐な人間だ。

なぜなら、この２人が瑠美さんを追い詰めて最終的に死に至らしめた手法は、今に始まったものではなかった。

「やっぱり俺は署長が悪いと思うけどな」

相談簿を眺めながら署長が言った。

「鳥栖はさ、確かに佐賀の中では大きい署ではあるけど、言っても署員は100人から200人程度よ。署長は署員のパーソナリティをすべて把握しとかんといけん。警察官にももちろんできるできない、得意不得意があって『こいつの書く報告書は注意深く見なきゃいかん』とか実際にあるわけよ。そういう時はその署員を呼び出して、内容をちゃんと口頭でも説明させる。最終的な決裁者は署長なんやから。そこを怠ってたからこんなことになったんやと俺は思うけどな」

焼酎のお湯割りを飲みながらこう話すのは、福岡県警の現役警察署長だ。

この署長は私が新米記者だった時に担当した警察署の副署長だった人で、警察担当を外れてからもたまに飲みに連れて行ってくれる。

12月にテレビで半泣きになっていた私を見て、息抜きに誘ってくれたのだ。

元々、情報番組のディレクター上がりだった私は、警察取材よりも、「タクシードライバーの自己紹介欄に書いてある特技。中にはとんでもない超スゴ技の持ち主が！」みたいな街ネタや、「砂防ダムに落ちたイノシシのその後」みたいな企画VTRに心血を注いでいたタイプで、何度か警察ネタで『特オチ』（特ダネの反対で、他社が知っているのに自分だけ知らないこと）のピンチに陥ったことがある。その時に、この人のところに顔を出し、

「すみません！　僕いま情報0％なんで……80％まで教えてください！」

なんて言うと、

「バカたれ！　そんな厚かましいこと言ってくるのお前だけや！　せめて20％とか遠慮せんか！」

と散々説教をした後に、

「……ここを調べてこい。そしたら大筋は見えてくるやろ」

とぼそっと言って何度も救ってくれた。


「それにしても塩塚、らしくないこと頑張っとるやないか」

「らしくないですかね……」

「ハハハ冗談よ。こういうことの方がお前に向いとると思うよ」

焼き鳥を食べながら取材の経過を話し、酒をあおる。

その最中、署長が思い出したようにあることを口にした。

「そういえばさ、お前が不審死って言ってた酒井さんおるやろ？　畑も違うけんあくまでも噂レベルなんやけど、一課と検察はこれも立件できんか相当調べたらしい。でもやっぱり当時病死で処理したもんやけん、何も残ってなくて無理やったみたいやな」

そう。この事件にはもう一人の被害者がいた。


話は昨年の夏頃まで遡る。

取材班が岸被告の戸籍謄本を入手した時、不自然な記載を発見した。岸は2016年2月18日に、20歳以上も年が離れた酒井美奈子さん（当時46歳）という女性と結婚していて、しかもたった2週間後の3月3日に離婚している。

しかも岸はこの時すでに、山本と交際していたのにだ。

手紙で岸に酒井美奈子さんについて聞くと、驚きの証言が返ってきた。

（以下、岸被告との手紙のやり取りより抜粋）

「美奈子さんが亡くなった時も今回と同様、私の運転する車の後部座席になりますが、死因は『急性心不全』でした。（中略）結果は病死となっていますが、私は山本が殺したと思っています」

岸によると、酒井さんと知り合ったのは2015年10月。

岸が当時働いていた職場で酒井さんから連絡先を聞かれたので教えると、連絡を入れてきたのが山本だった。その後、食事をしたことがきっかけとなって岸は山本と交際するようになる。

山本は酒井さんのことを「債務者」と紹介し、身の回りの世話をさせていた。

聞けば酒井さんは、山本に金銭を管理されて1円も持たされていない状況の中でホストクラブに通わされ、その飲食代も借金とされて山本と同居することになったのだという。

酒井さんには子どもがいたが、子どもも施設に預けさせられ、

「子どもと一緒に暮らしたいなら、120キロまで太って、おまえ顔がブスなんやけ、デブ専門のソープで働いて早く借金を返せ」

そう言われて大量の食事を強制され、残すと「早く食べろや」と言って殴られたり蹴られたりし、時には吐いたものまで無理矢理食べさせられていたのだという。

「当時、酒井美奈子さんは山本被告から『120キロまで太らせ、風俗店で働かせる』という理由で炭水化物を中心に食べさせられていました。酒井美奈子さんには不整脈があり、医者から『体重を落とさないと死ぬ』と言われ、山本被告に伝えていましたが、山本被告は『金を返す気がないなら、兄貴（マー兄）に迎えに来てもらうぞ』と無理矢理食べさせ太らせていました」

その結果、車中で心不全を起こし命を落としたというのだ。


まるで瑠美さんと同じ状況だった。

しかも、この件は瑠美さんが亡くなるたった2年前の出来事だ。


岸の証言を受けて、山本たちが酒井さんの死に関与した可能性を知った取材班だったが、

2020年9月に始まった松尾の裁判でそれが確信に変わる。
この裁判で「瑠美さんの遺体を運搬していた時の車中の会話」が、不起訴になった太田の携帯電話で録音されていたことが明らかにされ、山本、岸、松尾がどういうふうに口裏を合わせるか、遺体をどう処分するかについて話し合っている場面が法廷で再生された。以下はその生々しい会話である。

（約60分近い会話のため抜粋して掲載）

山本「高畑瑠美っていうのがバレたらダメなんよ。親方みたいに無縁仏にするしかない（親方というのは酒井美奈子さんの渾名《あだな》）」

（松尾に電話）

山本「まさか死ぬとは思ってないよ。兄貴スピーカーにするよ」

岸「お疲れ様です」

松尾「言うた通りになったな」

岸「車に乗ってからおかしかったんですけど、迎えに行くと、乗った瞬間からもう即寝たんですよ。大丈夫かって聞いたら大丈夫ですって」

（中略）

岸「その後、太宰府インターを降りる直前に後ろ見たら息してない。舌嚙んだ状態で」

松尾「ああ」

岸　「これ死んだね、みたいな。親方みたいな顔やったんで、死んだなって。これといって普通でしたよ。いびきかいていつも通り寝てるみたいな感じ」

山本「でもそれやったら家の中全部調べられるよ」

松尾「ああ。そうやろうな」

山本「家調べられたら……」

岸　「木刀とか殴ったやつだけはどっかに」

山本「殴ったやつをどっかにやる暇がない」

（中略）

松尾「なんやこの傷はっていうたら男と遊んで」

山本「SMプレイで遊んでましたって」

山本「隆に、旦那には弁護士が入っとるってだけん」

松尾「ああ」

岸　「戸籍調べられるかも」

山本「戸籍調べられたらアウトや」

松尾「どこの誰かって」

山本「それを調べられたら、智一（実際は本名）のことから全部バレるわ」

松尾「智一のこと？」
山本「智一のことから、美奈子のことまで全部や」
松尾「ああ」
（中略）
松尾「病気やな、そいつを殴って殺したわけじゃないよな」
岸　「顔とかめっちゃ綺麗《きれい》ですよ」
松尾「顔殴ったりしとるわけじゃないんやろ」
山本「私、顔殴った」
（中略）
松尾「事件性がないようにせなあかんねんから」
山本「本当にこれ病死やん」
松尾「病死やんか」
岸　「だって首絞めてないし、殴ってないし」
（中略）
山本「しかも兄貴、もう死体の臭いがしよる。めちゃくちゃ臭い」
松尾「救急車呼んで病院連れてった方がええんちゃうんか」
山本「いや、病院連れてったら余計に怪しまれる」

（中略）

山本「兄貴どうしたら良い」

松尾「絶対バレるからな」

山本「だったら私全部追い込まれるよ、弁護士も入っとるし向こう」

松尾「病院連れて行かん方法しかないわけやんか、バレんようにするには」

山本「でも埋めるとか無理よ、さすがに私はしきらん」

岸　「俺はできるけど」

山本「私はしきらん。私はそこまではしちゃいけんことになっとるけん」

松尾「病院連れてったら全部めくれるぞ」

（中略）

山本「美奈子の時はア、ザ、が、な、か、っ、た、け、ん、よ、か、っ、た、だ、け、よ、。アザがあったら絶対調べられる。しかも尋常じゃないもん」

太田「柄かと思ったもん」

松尾「どんくらいのアザやねん」

（中略）

太田「アザじゃなくてですね、こぶし大のデカいかさぶたって感じですかね。右も左も、表面の皮膚が傷が入って血が広がって内出血の中にさらに深くにじんだような。例えば殴ったくらいのアザなら紫じゃないですか、ただ完全に真っ黒のこぶし大のやつが、何個かあるような感じでアザっていうか、傷っていわれてもなって感じ」
（中略、この後救急車を呼ぶことになった）
松尾「余計なことは言うなよ。警察が入ることは前提にしとけよ」
岸「傷害は本人が言わんとならんけん」
山本「傷害。殺人未遂はどうなるん」
岸「なんで殺人未遂なん」
松尾「刺したとかなんとかやったらな。頭打ったりしてないやろ。救急車とりあえず呼んで、口裏合わせるしかないやん」
（中略）
岸「死人に口なしやけんね」
松尾「死人に口なしや」
（中略）
岸「（119番通報）救急車お願いしていいですか。住所わかんないんですけど、太宰府のXXXという場所。駐車場にいるんですけど、後ろの人が息してないんですよね。後ろでいびきかいて寝てたんですけど、着いたら息も何もしてないんですよ。後部座席に座っている女性の方なんですけど、息してないです」

救急「そちらに救急車を向かわせますので、呼吸を確認してください」
山本「どうやって確認するんですか。聞いて？」
救急「あなたは一人ですか」
岸「トータル4人です」
救急「車両から女性を出しましょう。何歳代」
岸「30代半ば」
救急「頑張って降ろせます？」
岸「降ろしたら地面に寝かせるんですか」
救急「タオルとかあれば敷いて、なければそのままでいいです」
山本「男の子2人に頼みます」

どこから触れていいかわからないほどあまりにショッキングな内容だが、この録音の中に酒井さんのことが複数回出てくる。

「親方みたいに無縁仏にするしかない」

「美奈子の時はアザがなかったけんよかっただけ」

「戸籍調べられたら美奈子のことまで全部バレる」

これらは山本と岸が酒井さんに何らかの危害を加えながらも、その死が最終的に立件されなかった経験から出た言葉だろう。

ところが瑠美さんの場合は、暴行が始まってから1ケ月もしないうちに亡くなった。これはおそらく山本も想定外だったと思われる。山本は当初、あくまでも金目的だったので、瑠美さんを殺しても何の得もないことはわかっていたはずだ。

しかし美奈子さんの死で人の死に慣れてしまった2人は、暴行を加えることに徐々に快感を覚えるようになり、どんどんエスカレートして最悪の結末を迎えることになった、そう取材班は推測した。

この音声を聞いたこともあり、美奈子さんが山本たちによってどのように無縁仏にさせられてしまったのか、今どこに眠っているのか、事件化できない理由は何なのか。それがどうしても知りたくなった。


岸によると、酒井美奈子さんは2017年9月、福岡県小郡《おごおり》市の公園近くに停めてあった車中において心不全が原因で亡くなった。

私はとりあえず、酒井さんが亡くなった小郡市の市役所に赴いた。無縁仏になる遺体というのは、どういう経緯を辿るのかについて詳しくなかったので、とりあえず福祉課を訪ねてみたものの、個人情報にあたる話だからかなり厳しそうな予感はしていた。

ところが役所の職員に名刺を渡し、太宰府事件を追っているTNCの記者であると身分を明かすと、たまたまその職員が私の顔を知っていたようで「ニュース見てますよ」と言いながら取材に前向きに協力してくれることになった。

職員の方によると、亡くなった人が火葬された時に骨壺に入りきらなかった骨や灰は「残骨灰」と呼ばれ、色んな人の残骨灰をひとまとめにして産業廃棄物処理業者が処分することになっているそうだ。

美奈子さんのように遺体の引き取り手がない場合は、市が喪主となり火葬まで行う。そして、無縁仏の場合はそのすべての骨がこの残骨灰扱いとなり、他の人の骨と混ぜられると、産廃処理業者が銀歯や金歯、体に埋め込まれていたボルトなどを強力な磁石などで吸い出して売却し、残った骨や灰は細かく砕かれた後に、その業者が契約している霊園や寺に埋葬するというルールになっているそうだ。

色々な人の骨を全部ひとまとめにしてビニール袋やドラム缶に入れてから埋葬するので、無縁仏となった人の名前が墓石に彫られることはない。

その話を聞いて、費用の捻出や資源循環のためとはいえ、骨になってまで金目のものは吸い取られ、墓石もないまま埋められてしまう人がいるのかと思うと、なんとも言えない気持ちになった。

酒井美奈子さんは、瑠美さんと同じように山本から金を吸い上げられていた。また、美奈子さんは親族に金を無心しまくった結果、縁を切られた状態になっていたことは別の地回りですでに情報を得ていた。

おまけに山本らは葬式にお金がかかるからと、美奈子さんの遺体引き取りを拒否。その結果、小郡市役所が葬式を引き受けることになり、こういう経緯で美奈子さんの遺骨は無縁仏となっていたのだ。

美奈子さんの遺骨を探すため、当時の処理業者の連絡先を聞くと、本社が関東某所にある業者だった。そして無縁仏の遺骨の埋葬場所を尋ねたところ、とある霊園の名前を教えてくれた。

その霊園を訪ねて名刺を渡しながら状況を話すと、年度によって納めている場所を分けているから、美奈子さんが亡くなった年月を教えてほしいという。

またその霊園の管理者は、無縁仏とはいえ墓参りに来る人も稀にいるので、どの墓にどの骨が入っているかはだいたい把握しているという。と言っても骨として形に残っている状態でなくて完全に粉々になっていて、それがビニール袋に入って定期的に届くので、順次それを墓に入れるそうだ。

しかも無縁仏が眠っている場所は、基本的に部外者には公表していないという。というのも、無縁仏というのは一般的に決して良いイメージはなく、何かしらの「訳あり」な人が無縁仏として鬼籍に入る場合が多いからだ。以前その霊園の墓を買った人から、購入した墓の横が無縁仏だとわかってクレームを入れられたこともあったそうで、霊園側は無縁仏が眠っていることを公表していないという。

結局、美奈子さんが亡くなった時期の残骨灰の埋葬は、この霊園から大川市にある寺に変わっていたことがわかったのだが、この話を聞いて余計にまた切ない気持ちになった。

そして、大川市の寺ではさらにやりきれない気持ちになる。

寺に到着したのは夕方4時頃だったのだが、出てきた僧侶はすでに赤ら顔。事件の経緯を説明しながら酒井美奈子さんという女性が無縁仏となってこの寺に眠っているので、墓所に案内してほしいとお願いしたのだが、

「突然来てね、そんな気持ち悪い話するもんじゃないですよ。早く帰って帰って」

と追い返されてしまった。

金を絞り上げられ、命を奪われ、死して無縁仏となってもなお厄介者扱いされている美奈子さんのことを考えると、言いようのない不憫《ふびん》さで胸が締め付けられる思いだった。

親族から縁を切られる状況になるまで金を搾り上げ、死んだら私たちは関係ないとばかりに亡骸《なきがら》を役所に押し付けるようなことをして、さらに瑠美さんに対して、

「美奈子みたいに無縁仏にすればいい」

と平気で言える。山本がそういう女だということは、美奈子さんの取材をしなければわからなかった。

死因が心不全ということで病死扱いされ、無縁仏となったことで骨すら残っていないから

立件できる証拠がない。とはいえ、酒井美奈子さんという一人の女性に対する仕打ちがいまだ罪に問われていないことは、ここにしっかりと記しておきたい。

裁判

ついにこの日を迎えた。

2021年2月2日、山本と岸の傷害致死事件の裁判員裁判初日。

福岡地裁には通常の傷害致死事件ではあり得ないほど多くの傍聴人が集まり、傍聴券は倍率10倍ほどの抽籤《ちゅうせん》になったことからも世間の注目度が格段に高いことがわかる。

山本、岸の恐喝や恐喝未遂に関する裁判はすでに終わっており、部分判決として「有罪」となっていて、今回の傷害致死と死体遺棄罪の裁判員裁判の判決を経て、最終的な量刑が決まることになっていた。

通常の裁判は、判決が出るまでに長期間かかることが多いが、裁判員裁判は、裁判員となった市民の仕事や学業に支障をきたさないよう、比較的短期間で終わる。そのため、最初の公判期日の前に検察官と弁護人、裁判所が争点を明確にした上でこれを判断するための証拠を厳選して、審理計画を立てることを目的とした公判前整理手続と呼ばれる論点の整理がおこなわれる。

その結果、今回の裁判員裁判は、3月2日の判決宣告含めて全9回開廷される予定で進行することとなった（実際には判決言い渡し含めて全10回に増えた）。

山本や岸は何を証言するのか。おそらく互いに罪を擦《なす》り付け合うに違いない。

法廷にパソコンは持ち込めないから、複数人で手分けして検察官側の速記、被告側の速記と担当を分け、ほぼすべての経過を極力一言一句違えずに手書きで記録する。通常はあまりここまで細かく内容を採ることはないのだが、今回の事件は言い回しなども含めて大事に拾っていこうということになり、司法担当になっていた水谷を中心に記者を2、3人配置した。

開廷前、手錠をかけられた山本と岸が入廷してきた。

ホストクラブで豪遊していたころの山本は、写真の加工もあってか派手なメイクをしたギャルという顔付きだったが、逮捕から1年という歳月を経て、金髪はすでに毛先にしか残っておらず、上下黒のスウェットを着たその姿は体格のいい年相応の中年女性に変わっていた。ただ眼光はとても鋭く、傍聴席を終始睨むなど落ち着きがない様子で着席した。

一方の岸は、皺《しわ》だらけの青いスーツに黒髪坊主頭で、逮捕前のホスト風の雰囲気とはかけ離れた幼い顔をしていた。

そして2人が開廷まで一切目を合わせなかったことからも、これから激しい罪の擦り付け合いが展開されることが予想された。

初日は検察側、弁護側の冒頭陳述で始まる。検察が事件の概要や罪となるべき事実を読み上げると、裁判長がまず岸に問いかける。

（以下は裁判記録をできるだけ忠実に聞き取りした再現。一部抜粋）

裁判長「傷害致死・監禁事件と死体遺棄がありますけど、それぞれどうですか？」

岸「死体遺棄に関しては、私が運転しているのでこれが死体遺棄にあたるのであれば、間違いない。監禁に関しては、何もしていませんし、私は。傷害致死についても、マイクとか色々出てますが、何もやってません」

裁判長「マイク？」

岸「マイクで殴打とか。出てるじゃないですか？　それもやっていません」

岸は瑠美さんに暴行なんて加えていないし、山本と共謀もしていないと主張する。予想通りの罪の擦り付けだ。そして山本の罪状認否が始まった。

裁判長「傷害致死・監禁、これについてはどうですか？」
山本「私自身、共謀もやってないし、すべてしてないというのが自分の意見です」
裁判長「暴行もしてないし、監禁もしてない、共謀もしてない、ということですかね？」
山本「はい」
裁判長「死体遺棄はどうですか？」
山本「自分が瑠美が亡くなっていると判断したわけではないので、一緒に車乗ってたので
それが死体遺棄にあたるのであればそうかもしれないけど、自分の意見とすれば、
瑠美が亡くなってると自分で思ってはいなかったので」

山本も岸と同じく、瑠美さんに対して手を出したことはないし、共謀も監禁もしていないと主張した。後々、色々な証拠を突きつけられるとも知らずにだ。

岸の弁護士は、当初2人は交際関係だったが、次第に山本が上、岸が下という支配関係になり、山本に逆らえない状態が生み出され、その環境下で起きてしまったことだと主張した。

一方の山本の弁護人は、山本は瑠美さんからお金を巻き上げたり、暴行を加えるなどは一切していないと主張した。

「山本さんは、検察官が主張するような暴行をしていません。岸さんとの共謀もありません。瑠美さんはお金に困り、山本さんのお金をとってしまうという問題行動がありました。その

際、山本さんが瑠美さんに対して髪の毛を引っ張ったり、げんこつをしたりビンタをしたことがあります。しかし、決して検察官が主張するような暴行はしていません。ただし、山本さんは、岸さんが瑠美さんに対して、足で太ももを踏みつけたり木刀などでお尻や太ももを激しく叩いているのを見たことがあります。しかし、岸さんのそれらの暴行について、山本さんが指示したことも強要したこともありません。山本さんは自分自身も暴力を受けたことがあり、岸さんの瑠美さんへの激しい暴力を止めることができませんでした」

と述べた。

私は、山本や岸が何を言うのかじっと観察していたのだが、とりわけ山本に関しては、なぜそんな一瞬でバレる嘘をつくんだろうと、その戦法に驚いた。

例えば死体遺棄についてだが、すでに松尾の裁判で車内の会話の録音があることはわかっていて、公判前整理手続きでこの後それが法廷で再生されることになっているにもかかわらず、山本は「(救急車を呼んだ時点で) 瑠美が亡くなっていると思っていなかったので」と答えた。

案の定、その後すぐに録音が法廷で流され、

山本「まさか死ぬとは思ってないよ」

山本「死んだことに気付いていないフリをしようと思ってる」

という音声が流れると山本は下を向き、裁判員たちはその山本を軽蔑するように見つめていた。

検察側は、「自分はやっていないし、相手が怖くて止められなかった」とそれぞれに罪を擦り付けようとする2人の共謀を立証しなければならない。そこで「2人が暴行に積極的に関与していた」ことを示すため、目を背けたくなるような被告らと関係者のＬＩＮＥ履歴を公開した。

まずは瑠美さんが亡くなる6日前のホストクラブでの暴行時（詳細は後述）に同席していた山本の息子と岸のＬＩＮＥだ。

（２０１９年10月15日　以下抜粋）

岸　「左ひざの皿をくだいた」
息子「まじかよ爆笑」
岸　「うい」
息子「写メないの？　笑笑」
岸　（写真2枚送って）「ゼリー状」
息子「どうやってやったの？　踏んだの？」

岸　「そだよ」

息子「相当痛かろ？　歩けんのやない？」

岸　「ぷにぷにしてる、知らん、たぶん無理かもね」

息子「笑わせんでくれん？　皿われてるの？　本当に？」

岸　「指で押したらぷにぷにしてるからたぶんくだけてる」

息子「泣き叫んでない？」

岸　「口にガムテープとタオル巻いて紐で手縛ってたから悶絶してた」

息子「ボロ泣きやろ、どうせ」

岸　「もごもごーって言ってたよ」

息子「なんか、そわそわしてくる」

岸　「うごーっても言っていた」

息子「会った時叩いてたやろ　爆笑」

岸　「やってみ、左ひざだから叩きやすいよ」

息子「てかどうやって歩くん？　爆笑」「まじ動かん？」

岸　「引きずるんやない？」

息子「もう片方もやる？」

岸　「やだ、歩けんくなるやん、荷物やん」

息子「次は肘にしよう」
岸「次は肘やけん」
息子「指は折った？　爆笑」
岸「分からん」
息子「俺、絶対耐えれんわ　爆笑」
岸「たぶん死ぬよ」（写真2枚送る）
息子「なんでそいつ生きてんの？」
岸「女やけん耐えれるんよ」
息子「どうなってるん、この太もも」
岸「青アザを通りこして血が滲み、汁が出る」
息子「ただれてる　笑　笑」
岸「たんこぶが破裂する感じ」
息子「痛いんかな？」
岸「感覚がないんやない？」
息子「まあそうやろうな、割れた膝もう一回したらどうなるかな？」
岸「なんかね、白目になって意識朦朧《もうろう》としてたよ」
息子「死にかけやん」

岸　「まじグロッキーやったけどね」
息子「なんか、音とかないん？」
岸　「ないね、動画撮る余裕がなかった」
息子「生きてるだけましやん笑　笑　生き地獄か」
岸　「これが本当の生き地獄、てか寝ていい？　くそ眠いな」

翌16日に岸は、瑠美さんの臀部《でんぶ》を全長約127センチの木刀で殴打し続け、その生々しいやり取りも残されていた。木刀の刀身と柄に残された付着物は瑠美さんと岸のDNAと一致した。

岸　「きょうはね、木刀でフルスイング、ケツをw」
息子「また何かしたん？」
岸　「寝とったらしいよ」
息子「は？」
岸　「え？」「そのままよ」
息子「やば爆笑」
岸　「焼きそば食って寝た」

息子「殺されたいのね笑笑」
岸「そうそう」
息子「ケツバットだけ？」
岸「骨砕けてるかな？　ケツそぎ落とす勢いでフルスイング１００回ほど　また後でするけどね」
息子「まじで？」
岸「うむ、いったん俺が休憩」

目を背けたくなるやり取りが続く。

あまりのむごさに退廷する人もいる。

遺族が心配になり、圭子さんたちの様子を窺うと、モニターの文字を読み上げる検察官の声を顔を覆って泣きながら聞いている。

しかし途中で限界が来たのか、涙を拭いながら退廷していく姿が見えた。

事件の取材などを通じて、こういうひどいものを見たり聞いたりすることに、ある程度耐性が出来てはいるものの、自分の子どもであり、妻であり、姉である瑠美さんに対する冷酷非道な暴行の具体的な内容を見なくてはいけない遺族の気持ちを考えると、胸が張り裂けそうだった。

ホストクラブで寝てしまったことに対する罰という名のもとに、岸から激しい暴行を受けた瑠美さん。歩けないほどの体になってしまっている状況にもかかわらず、山本に金の工面を強いられる。以下は山本とその息子とのＬＩＮＥでのやり取りを抜粋したものだ。

山本「写メありがと、瑠美の体重でベンツのエアサス壊れた」
息子「そんなことある爆笑」
「膝破壊しとるやろ」
山本「体重が重すぎて」
息子「やば、弁償させんね」
山本「させるよもちろん」
息子「もう終わってんなあの人」
山本「終わりまくり、こんな女初めて」
息子「歩けてんの今？　笑」
山本「一応ギリね笑笑笑」
息子「生き地獄やん」
山本「当たり前、自分がホストにハマって作った借金やけんね」

息子「昨日のあいつひどすぎたわ」
山本「まじそれな」
息子「きょうはもう何もせんやろ？　爆笑爆笑」
山本「今、金集めさせよる」
息子「どうやって？　爆笑」
山本「いろんなやつに電話しまくりよるよ（笑）（笑）（笑）」
「瑠美から入るお金が明日になったけん今日はホストクラブ『X』連れていけない。来週絶対連れて行くから、明日彼女と遊ぶ分は振込しとくね」
息子「分かったー」

山本は、岸や実の息子以外に、通っているホストクラブの従業員にまで瑠美さんの変わり果てた姿を送付していた。
以下は瑠美さんが亡くなる前日の10月19日に、山本がホストAと交わしたＬＩＮＥのやり取りである。

山本「聞いて、今瑠美起こしに行ったんやけど、もうどうにもならんよこの女。倉庫に寝せてるんだけど、起こしに行ったらすごいイビキで爆睡してて　なんか臭いと思ったら漏らしておねしょしてるし、本人起こされるまで気づかずに寝てたというバカ女、呆れた」

A「やばいやん、家畜以下的な？」

山本「マジそれな、私のワンちゃんでもちゃんとトイレでするのに　ワンちゃんは家畜じゃないけどね」

A「やば、ぶっとんどる」

ある裁判員はモニターから目を背けて泣いていた。

女帝の素顔

2月4日に開廷された第2回公判では、瑠美さんへの暴行状況に関する証人尋問がおこなわれた。証人はホストクラブの店長およびその従業員たち、そして山本の息子の4人だ。

ホスト及び店長らは、山本がヤクザの名刺を見せて自分の背後には暴力団がいることを匂わせていたことや、当初ごく普通の女性だった瑠美さんがだんだんと様子がおかしくなり、瞼に口紅を塗ったり、眉を限度を超えた太さに描いた奇抜な出で立ちで来店したりした様子を証言した。

また瑠美さんは、店で山本に大盛りのカップ焼きそばと食パン1斤を無理矢理食べさせられていたことや、来店が重なるにつれ次第に肥満体型になり、何日も風呂に入っていないような強い体臭が鼻につくようになったと証言した。

瑠美さんのホストクラブでの飲食代については、山本への借金にするという形で山本がまとめて支払っていたが、瑠美さんが水しか飲まないので、山本は本来無料なのに「水1杯1000円取ってくれ」とホストに指示を出していた。

瑠美さんから1円でも多く金を搾り取ろうと思い、そのような指示を出したのではないか、とそのホストは陳述していた。

また事件の1ケ月くらい前から、山本は店内で瑠美さんに暴行を加えたり暴言を吐いたりするようになり、少しずつ瑠美さんの体にアザや傷が増えていき、それは治る気配がなく日に日に増えていったという。

また別のホストは9月頃、店にいても全然楽しくなさそうな瑠美さんに対して、ホストクラブは楽しむ場所で、もし来たくないのであれば来なくてもいい旨を伝えた。

すると瑠美さんは、全然子どもに会えておらず子どもに会いたい、ゼロに戻れるならゼロからやり直したいと口にしながら泣き出したので、そのホストが「大変だったら山本から逃げ出せばいいじゃないか」と助言すると、「怖くてできない」そんな発言をしていたと証言した。

また、この日は山本の息子が「検察側証人」として法廷に立った。

瑠美さんが亡くなる6日前の10月14日。山本は瑠美さんと息子を伴ってホストクラブを訪れていた。

この日山本は瑠美さんに水を飲むことを禁じ、アルコール度数の高い酒を一気飲みするよう強要した。酒を一気飲みさせられた瑠美さんは喉が焼けるように痛かったのか、テーブルにあったアイスペールから氷を手づかみで口の中に入れたという。

すると山本は激高、マイクで額を数回殴打したほか、拳で顔を何度も殴る暴行を加えた。そしてホストに瑠美さんの手をテーブル上で押さえさせて、折った割り箸の鋭い方で手の甲を刺したり、刺した割り箸をライターで炙《あぶ》って再度手の甲に刺したほか、熱くなったライターの点火口を手の甲に押し付けるなどの激しい暴行を加えたという。

また山本の息子は、帰りの車内でも岸によって暴行が行われていたと証言した。

助手席の山本が、ホストクラブで瑠美さんが手で氷を食べたことに対して大きな声で怒っており、岸はそれに合わせるように「調子のっとるね」と口にしながら、運転席と助手席の真ん中にある灰皿から折れた割り箸を一本取り出し、後部座席に座っている瑠美さんの太ももに突き刺した。

「覚えとけよ」岸は瑠美さんにそう言い捨てると、「近所の人に声を聞かれたらいけないから、ガムテープとロープを買わないと」、そう呟いたそうだ。

山本の息子はこの後、山本と岸と別れたが、その日行われた暴行の内容が先述のＬＩＮＥのやり取りだ。

ここまで聞けば、山本の息子も間違いなく同罪だということがわかるだろう。ホストクラブや車内での暴行を目撃しているにもかかわらず、一切制止していない。

それどころかＬＩＮＥを見る限り、暴行を煽っているのだ。

遺族は裁判前、検察に公判の方針について説明を受けていた。その中で息子に対しても何らかの罪に問えないかと訴えたが、気持ちはわかるがそれよりも山本たちにとって不利になる証言をさせた方が得になる、と諭されて泣く泣く検察の方針を呑《の》んでいた。

私たちはすでに息子のＳＮＳや自宅を特定し、交友関係や立ち回り先も把握していたが、この流れがあったので直撃取材をおこなわなかった。余談だが、その後も素行には怪しい点があり、今でもその動きは注視している。

翌日開かれた第3回公判では、瑠美さんの死亡状況や因果関係などについての証人尋問がおこなわれた。

2019年10月19日から20日にかけて、119番通報されるまでの遺体の運搬及び行動に関して一連の状況が読み上げられた後、松尾のトラックに搭載されたドライブレコーダーに録音された音声データが再生された。

以下は瑠美さんが亡くなる数時間前の10月19日の午後7時40分から約8分、山本とやり取りしていた「マー兄」の音声の抜粋である。

松尾「は？　なんて？　なんて？　は？　話にならん、代われ。こいつマジでヤバいな。下手したら死ぬかもしれん、おかしいぞ。もとは癲癇《てんかん》持ちやろ、もしかしたらやけど、当分手をかけるなよ、死んだ時に、司法解剖した時に、殴った痕とかあったら、こいつ脳がおかしい、わかるところはわかる、完全におかしい。もうちょっとどっかでボロがでるぞ。寝しょんべんしとったんやろ、その時点でおかしい、いやいやだから別の病気かもしれん、関係ないかもしれん、癲癇やったらな、なおるわけない。どうしよっかなあ。飯は食ってんねやろ、わけわからん、そいつ血圧高い？　低いんか、とりあえずいつ死んでもいいように、手をかけるなよ、いつ死ぬかわからんからな、司法解剖して殴った痕とか出たら、なんかおかしいって。脳梗塞の前兆かもしれんな。デブやから、心臓、はぁはぁはぁはぁいいよったやろ、いつ死んでもいいように、手だけかけんな、それだけ気をつけろ。なんて？　死亡保険関係。お前たちが一緒におるときに死んだら、殴った痕とか出てきたときに事件性が出てくる、病死で持っていけるように」

そんな録音が流れた後に、証人尋問で松尾が姿を現した。

松尾は山本及び岸との出会いの経緯、暴力団を装い山本と「ニコイチ」で恐喝をするようになるまでの流れ、2人に瑠美さんを病院に連れて行くよう提案したが返答はなかったこと、瑠美さんが死んでから遺体を埋めろと山本に助言したこと等を証言した。

検察官「20年付き合いのある山本被告に対して、今どのような気持ち？」

松尾「憤りです」

検察官「具体的には？」

松尾「裏切られた感がすごい」

検察官「裏切られたとは？」

松尾「これだけ可愛がってきても裏では平気で人のことダマしていた。裏切ったなと思っています」

検察官「人のことダマしてとは？」

松尾「利用するだけ利用して上がったお金は自分のポケットに入れて、そういうことをしていたわけです」

検察官「100%憤りの気持ちか？」

松尾「いいえ。情も残っています」

検察官「(松尾自身が被告の裁判の)一審の判決内容はどのような内容でしたか？」

松尾「死体遺棄に関しては無罪、恐喝に関しては懲役2年執行猶予4年です」

検察官「判決については検察が控訴して、現在控訴審が継続中。今日話すことはあなたの事件への影響があることは検察から説明を受けている、証言するにあたっても刑事訴追にあたる証言は拒むことができると伝えられた、その上で自分に不利なことを証言している。乗り気でしたか？」

松尾「全くです」

検察官「どうして証言することにしたんですか？」

松尾「あまりにも嘘の物語が多いものですから、本当の物語を話そうかと思いまして」

ある者は「恐怖」で従うしかなかったと言い、またある者は「可愛くて」力を貸していたと話す。それもあったのかもしれないが、私からすれば全員が共犯だ。

結局、ホストは山本の言う通りにしていれば売り上げが立つし、山本の息子は言う通りにしていれば掠め取った金から小遣いをもらえる。岸だって働かずに遊んでいられるし、松尾は自分はヤクザだと言って他人に大きな顔ができる。

でも最後は「すべて山本のせいです」と言って自らの罪から逃れているだけで、そこに瑠美さんのことを考えていた奴など一人もいなかった。

隆さんは被害者参加制度を使い、検察側の席で感情を殺してじっと座って経過を見つめていた。圭子さんと真理さんは傍聴席の一番後ろで何とかこらえている。

そして、法廷には何の目的かはわからないが佐賀県警の職員が毎日2人見に来ていた。おそらく佐賀県警の職員だと気付いていたのは私と水谷くらいだが、他人事のように傍聴し、遺族に挨拶もせずコソコソと帰っていく姿にまた腹が立った。

2月8日第4回公判では、瑠美さんの遺体を解剖した九州大学医学研究院教授で、日本法医学会理事長も務める池田《いけだ》典昭《のりあき》教授（肩書きは当時）が出廷し、死因である外傷性ショックに関しての一般的な定義について説明が始まった。

検察官　「外傷性ショックは一般的にどういう症状で死に至るのか、体にどのようなことが起こるのか？」

池田教授「ショックとは循環不全、全身に血液が回らず心臓機能が低下して、血液が回らなくなった状態。それによって酸素を必要とする全身の臓器が機能不全に陥って死亡する状態のこと」
検察官「なぜ外傷で起きるのか？」
池田教授「この方は打撲による外傷性ショック、腰部、臀部、左右大腿部を打撲されたことによって皮下脂肪組織と筋肉が損傷を受けて、そこから有毒物質が出て、放置したためにその部分が壊死《えし》に陥る、さらに細菌感染をして感染症を起こす。打撲なので高度の痛みを伴う。皮下筋肉内に著明な出血を伴う、相まって循環血液量が徐々に減っていく、血圧が下がると悪循環に陥り、低血圧が持続すると死に至る」

つまりは、木刀等を使って強い力で臀部等を殴られ続けたことで、脂肪や筋肉が完全に潰れた状態となりその部分が壊死。そこから有毒物質が全身に回るなどして、多臓器不全を起こして死に至ったという。

検察官「生前の様子について伺います。足を引きずりペンギン歩きだった、死亡前日には排泄物を漏らしたり、言葉の反応が遅かったり、呂律《ろれつ》が回ってなかったりと、このような状態は外傷性ショック死と関係あるか？」
池田教授「臀部と腰部と大腿部に著明な外傷があるから、全身を回る血液の量が減ってきて、体調不良を起こして歩行が困難になっていたことは十分あり得る。失禁や脱糞は典型的なショックの症状なので、悪循環にはまっていて、この時点でおそらく救命はできない状態だった」

裁判官「腰部、臀部、大腿部の中で一番どこがひどいか？」

池田教授「臀部の右側が集中的に殴打されたと思う」

裁判官「2、3週間継続的に殴打があったという話だが、その判断の理由は？」

池田教授「健康的な人は2、3日赤くて、4、5日で青くなって10日程度で黄色くなって、2週間程度で完全に消える。強い打撲は全治2週間と言っている。この方の場合は赤も、青も黄色も混在している。外傷性ショックで治癒が遅延していることから2、3週間継続的に殴られていたとみられる」

後に池田教授に取材をしたが、40年超のキャリアで約4000体もの解剖をやってきた法医学の権威が「あれほどひどい遺体は見たことがない」と話した。

「大腿部の筋肉とか、特に大臀筋とか下腿三頭筋とかの大きい筋肉がほとんどないんですよ。ほとんどが壊死した後に溶けてるんです。こんなことまずない。相当ひどい暴行を継続的に受けてたんでしょうね……本当に苦しくてつらかったと思います」

LINE履歴と解剖医の証言で、瑠美さんがいかに人間としての尊厳を奪われ、山本と岸に凄惨な暴行を振るわれ続けた挙げ句、無残な死を遂げたのかが明らかになった。人間はこここまで残忍になれるものなのか。

以前、取材班が岸と交わしていた手紙のやり取りで、「山本美幸という人間は、『人の皮を被った化け物』ですよ」と岸が山本のことをそう評していたが、この解剖医の話を聞いている限り、岸も十分化け物だ。これは人間のやることではない、まさに鬼畜の所業だった。

そして山本美幸は、散々可愛がってきたはずのホストたち、血のつながった息子にまで「あの人は暴行してましたよ」と証言され、さぞショックを受けているのだろうと思っていたが、当の本人はあきらめずに、終始三流女優のようなひどい演技を続けていた。

時には裁判員に向けて、「私は悪くないんです、瑠美のことが大好きでした」と号泣し、同情を買うための芝居をしたかと思えば、証人が淡々と山本がやった悪事について話している時には、どうしてそんな酷いウソをつくの？　というような泣き顔をみせたり、睨みつけたりするなど、猿芝居を繰り返していた。

自分が今置かれている状況が、本当にわかっているのだろうか？

そんなことをしても罪は軽くならない。いやむしろ重くなるのに、その見え透いた演技が通用すると思って演じ続けているのか？

こんな幼稚な奴に色々な人間が騙され、瑠美さんの命が奪われたのが残念でならなかった。

運命を分けた9月25日

2月9日第5回公判では岸が、12日の第6回公判では山本が被告人質問の証言台に立った。

2人はひたすら自己弁護を続け、お互いが「山本の指示だった」「岸を止められなかった」と罪の擦り付け合いに終始していたが、その中で聞き流せない重要な証言がそれぞれから出てきた。

それは、瑠美さんへの暴行が激しくなったのは「2019年9月25日」だったということだ。この9月25日は、奇しくも隆さんたちが「脅迫の被害届を出したい」と鳥栖警察署に駆け込んで断られた日だった。

（以下、2月9日　岸への被告人質問より抜粋）

検察官「9月下旬～10月20日までの傷害致死の実行行為と共謀について、山本さんはどうして暴行した？」

岸「旦那さんから弁護士を入れると言われ、芋づる式に罪がばれるのを恐れたので瑠美さんに何とかしろと脅したのもあるし、瑠美さんがホストに陰で『行きたくないけど連れて来られている』と言ったのが重なった」

検察官「車で山へ瑠美さんを連れて行ったことはある？」

岸「あります」

検察官「それはいつ？」

岸「令和元年9月25日」

検察官「あなたは何をした？」

岸「運転だけ」

検察官「山ではどういうことがありました？」

岸「山本さんが指輪を外してから車を降りて、髪を引っ張って倒して、腹部や足を足蹴りしたり、顔を拳で殴る暴行がありました」

（以下、2月12日　山本への被告人質問より抜粋）

検察官「森についた後の流れ。まず瑠美さんの髪の毛を引っ張って座らせ、ビンタを3回したと言っていましたが、具体的にどの部分をビンタしたのですか？」

山本「えーっと……右のほっぺたを同じ所2回と左側を1回しました」

検察官「ビンタというのは平手ということですか？」

山本　「はい、平手です」
検察官「力の強さとかはどうでしたか？」
山本　「強かったと思います」
（中略）
検察官「その後、岸被告人が木の枝みたいな棒を持ってきた？」
山本　「はい」
検察官「どういうやり取りがあって、そういう木の棒を持ってきたのですか？」
山本　「私と瑠美が話している時に岸さんがどっかに行って、木の棒を持ってきて『これ使うやろ？　いいの見つけたよ』と言われて、『使わんし話は終わったけんいらんよ』って言ったら、それをあぶってて『何に使うと？』って言ったら『まあ見とって』ってな感じで言われて、足の裏にジュッてして『うわっ』と思って」
検察官「岸被告人が火をつけた木を瑠美さんの足に押しつけたということか？」
山本　「はい」

どちらが激しい暴行を行ったかは擦り付け合ったものの、「暴行が激しくなったのは9月25日」という証言は一致した。

もちろん結果論ではあるが、もしあの日鳥栖署が被害届を受理して、山本らの捜査を開始していれば、その過程で瑠美さんと間違いなく接触することにもなり、全身のいたる所に付けられた暴行の痕から事件性を確認して瑠美さんを救い出せただろう。

しかし現実には、綾部巡査長から「テープ起こしを」と言われた遺族は、それが終わらなければ鳥栖署に行っても意味がないと思い、後日刑事課を訪ねる機会すらも奪われてしまった。


裁判所からの帰り道、隆さんは慣れないネクタイを緩めながらあの日を振り返り始めた。

「結局のところですよ、9月25日なんです。すべてはあの日なんですよ。自分の中で弁護士を入れたのは本当に賭けだったんです。これで山本たちが怒るのはわかってましたから。でも鳥栖署に言われた通り録音もして、これで山本たちが捕まる、解放される、瑠美が帰ってくるって思いよったのにですね……。結局のところ自分だけ逃げたんですよ。逃げて一人生き残ったことが瑠美に申し訳ないんです……子どもたちにも申し訳ない。瑠美が生き残った方がよかっただろうに……」

怖くて助けてほしくて警察に行った。

でもあまりにも杜撰な対応をされ、警察に対して絶望してしまったその日は、瑠美さんにとって死へのカウントダウンが始まってしまった日でもあった。

瑠美を救えなかったのはどうしてなんだ。

隆さんは取材を受けると決めたその時から、ずっと答えを探していた。

しかし、佐賀県警との戦いや裁判の中でその答えがわかると、今度は一生消えることのない強烈な自責の念が襲ってきて押し潰されそうになっていた。


2月19日第9回公判では、山本と岸の最終意見陳述がおこなわれた。

山本は鼻水を垂らしながら嗚咽するなどしばらく喋らなかったが、裁判官に促されると涙の一滴も出ていない顔を拭いながら、はっきりとこう話した。

「岸君を止められなかった……。私じゃ止められないんです！　止められませんでした！」

と最後まで自分の非を認めることはなく、「岸から守ってあげられなかった」ことを謝罪した。

一方、山本の名演技を横目に岸は、こんなことを言って陳述を締めた。

「うーん。とりあえず、山本さんにはめんどくさい演技はやめてほしいと言いたいです。暴行は一度たりとも加えていない。山本さんを止められなかったこともある。私に責任があるのもわかっていますので、何らかの形で罪を償おうと思います」

様々な証拠を突きつけられ、兄貴分のような存在だった「マー兄」から見放され、息子にも裏切られ、可愛がっていたホストたちはペラペラと山本に不利な証言をする。

山本が足繁く通っていたホストクラブのホストたちは、山本の背後にはヤクザがいると聞いていたので、恐怖心から山本を立てていたのと、金払いが良い上客だったので接客していた。だが、本音を言うとあんな人には接客なんかしたくない、6人のホスト全員にそう証言された山本は不機嫌そうな表情だった。

山本は自分が囲っていたホストやホストクラブの従業員は、味方だと思っていたのだ。全員自分のことを慕っており、

「山本さんはいい人です、そんな暴力なんか振るうはずがありません」

そういうふうに皆が証言してくれると期待を寄せていた。

ところが実際は真逆だった。

彼らとはただ金で繋がっていただけ、どこまでいっても「客とホスト」の間柄だった。

裁判が進むに従い、自分の味方になってくれると思っていた人間が一人、また一人と裏切るたびに、演技を続けていた山本の表情が少しずつ変化していくのが見て取れた。

一緒に瑠美さんに暴行を加えていた岸も全面的に山本を売り、どういう暴行を加えたか、いかに山本がひどかったか、自分には罪はなく一方的に山本が悪いと主張した。

山本は山本で、岸が瑠美さんに暴行を加えるのを自分は止められなかった、といったことを証言した。

お互いが自分は悪くない、あいつが悪い、あいつがこのタイミングでこういう暴力を振る

ったと主張するという構図になり、その結果いつどんな暴行を2人が加えたかが明確にわかってしまうという、なんとも愚かな展開となった。

反省の色を見せず、互いに罪を擦り付け合う姿は裁判員の心証を害する。そんなことも知らず、この期に及んでも2人はひたすらに自己弁護を続ける。その擦り付け合いが過度になると言い争いに発展し、山本が泣いて休廷になる場面も見られた。

こんな連中に搾取され、愛する家族を無惨に殺《あや》められたのかと思うと、遺族の悔しさ、やるせなさはいかばかりだろうと思いながら裁判の動向を見守り続けた。

有名無実の公安委員会

論告求刑も終わり、あとは3月2日の判決を待つだけとなっていた2月22日。佐賀県議会の関係者から驚きの一報が飛び込んで来た。

「塩塚さん！　杉内本部長が辞めます！」

なんと、佐賀県警のトップである杉内本部長が、「体調不良で業務に支障が出た」という理由で退任することが突然発表されたのである。

しかも、内示からわずか2日後の発令という異例中の異例の人事であった。

この時、県議会定例会が18日に開会したばかりで、たった4日で答弁する立場の県警トップが異動、おまけにすでに佐賀を離れていて離任会見はおこなわないという。

関係者から話を聞くと、杉内本部長は1月の定例会見において、2回目の遺族説明も行い、事態は収束していると警察庁にアピールして異動願を出していたが、本庁は異動を許さなかった。そして再び自らが矢面に立つことになった県議会での追及に、極度のストレスを感じていたのだという。25日、新たに着任した松下徹《まつしたとおる》新本部長が会見を開いた。松下本部長は一連の事案について、今までと見解を変えずに、

「一連の申出の状況を総括的に見てみますと、被害者の女性を巡る金銭貸借トラブルをどうにかしてほしいという主旨」

と述べた。本部長が変わろうが主張を変えない佐賀県警。いや、警察上層部というのはこうやって自分の地歩を固めて出世街道を進んでいくんだな、ということが改めてわかった会見であった。また同日、遺族宛に「佐賀県公安委員会」から書類が届いた。

実は遡ること約1ケ月前の1月13日、遺族は佐賀県公安委員会の安永恵子《やすながけいこ》委員長宛に、佐賀県警鳥栖警察署の対応について、調査委員会（第三者委員会）設置を求める要望書を提出していた。

12月以降も佐賀県警は相変わらず「馬鹿なフリ作戦」を貫き通しており、あとは県警を管理する立場にある佐賀県公安委員会に第三者委員会を組織して調べてもらうしか遺族の打つ手は残されていなかったのだ。

要望書の概要は、

1、速やかに、調査委員会（有識者による第三者委員会方式）を設置すること

2、同委員会は一連の相談についての当時の状況調査（担当警察官並びに家族・相談当事者への聞き取り調査を含む調査）、対応結果に至った原因解明を行うこと

3、このような事案が二度と発生しないように防止策を策定すること

の3つで、佐賀県警とは利害関係のない第三者をもっておこなうことを求めた。

また遺族は、公安委員長宛に要望書を出すのなら、隆さんが書いた直筆の手紙を添えて直接委員長に手渡ししたいと考えていた。

公安委員会への対応は主に瑠美さんの妹・真理さんが担当しており、手紙を渡す窓口を調べると、なんと佐賀県警本部の中にあったという。

「塩塚さん、ちょっと聞いてくださいよ。私が手紙を直接渡したいって言ったら『それは叶わない』って言われたんです。誰が言ったと思いますか？　佐賀県警の担当者ですよ。『あ

なたたちのことを調べたいという要望を、あなたたちを上位監督するところに渡したい』って言っているのに、それの窓口が佐賀県警なんですよ。塩塚さん、どう思いますか？」

真理さんはそう私に尋ねてきた。

「そうなんですよね……独立性が全くないんですよね……」

と答えることしかできなかった。

公安委員会なんて単なるお飾り。そんなことは以前からあらゆる事件や警察の不祥事が起こるたびに、問題点として色々な事例が出てくるので知っていたが、まざまざと目の前でそれを見せつけられると、奴らは一体なんのために存在するのか、そう疑問を抱かざるを得なかった。

もし1月13日に遺族が公安委員会の安永委員長と直接会って、手紙と要望書を渡すことができていればまだ希望を持てていただろう。

しかし多くのマスコミに見守られながら要望書を届けに行ったものの、相手から、会いません、直接手渡しはできませんと返された時点で、公安委員会は動く気すらない、そう諦念を抱かざるを得なかった。

そして、約1ケ月後に佐賀県公安委員会委員長から送られてきたこの回答書には、私と遺族が想像していた通りの内容が書かれていた。

本件につきましては、令和2年（2020年）6月に御遺族の皆様から申し出がなされて以降、県公安委員会としましては、県警察から逐次、事実関係や内部調査についての報告を受けておりましたところ、本年に入り、要望書や意見書を頂いたことから、あらためて県警察から対応状況について聴取した上で、委員会でその内容の検討と議論を続けてきました。

その結果、当時、様々な相談の中で、県警察が被害者の女性の生命身体に関する危険が及ぶことを認識することや、御親族の被害について直ちに事件化の判断に至ることは、難しかったと考えられます。


公安委員会も佐賀県警と似た者同士なので、このような回答は予想していたが、それを裏切らない結果となった。

さらに驚きなのは、遺族が公安委員会に要望書を提出してこの回答書が届くまで、委員会が一度も遺族に話を聞いていないことだ。

議事録を見てみると、佐賀県警の担当者からは話を何度も聞いているようだが、これまたどんな話をしたのかについての記録は一切残していないという。

つまり一方的に「検討と議論」した後の回答、ということだ。

公安委員会というのは本来、強い執行力を有している警察行政についてその政治的な中立性を確保しながら、運営の独善化を防ぐために選ばれた人間が警察の管理をおこなう目的で設けられた機関である。そう書くと大層立派な組織であるように思えるが、実際は有名無実でお飾りの団体だ。

佐賀県警の公安委員は県警を監督するポジションにいる人間にもかかわらず、弁護士と高等学校の元校長とタクシー会社社長のたった3人しかいなかった。県知事がその権限を与えているが、独立組織で県知事の指示でも動けない。

その公安委員会のトップにいる安永恵子弁護士は、47歳という若さで佐賀県弁護士会の副会長（当時）を務める人物なのだが、祖父は佐賀県弁護士会会長や県議会議長も務めた地元の名士、父親も佐賀県弁護士会会長を務め、そして所属する安永法律事務所は、佐賀県警が顧問契約している弁護士事務所だった。

佐賀県警本部は佐賀城址の近くにあり、周辺には佐賀県庁や裁判所などが密集している。その付近には江戸時代に「治水の神様」と呼ばれた成富茂安《なりとみしげやす》が、石井樋《いしいび》を築いて嘉瀬川《かせがわ》本流からの水量を調整し佐賀城の濠までを繋いだ多布施川《たふせがわ》が流れている。安永委員長はその多布施川を越えてすぐの場所に大きな事務所を構えていた。

実は遺族が要望書を出した1月13日、私と青野カメラマンで安永委員長に直撃取材を試みようとした。遺族からこんな要望書が出ていて、議会や市民からも声が上がっていて、県の公安委員長としてどういう対処をされるのですか、と尋ねたかったのだ。

その時に事務所の場所を調べてみると、佐賀県警の目と鼻の先に位置することがわかった。

「……そういうことね」

2人で妙に納得し、こんな見せかけだけの組織のトップに直撃することは無意味だと悟った。

約1700人の佐賀県警をたったの3人で管理。

委員長の事務所は佐賀県警と顧問契約関係にある。

事務所の場所は佐賀県警の目と鼻の先。

そんな組織が出してきた回答がこれだ。

公安委員会なんて名ばかりのものであることがよくわかる。

負の連鎖

「なんか、またかわいそうな事件起きてるよ……」

寝起きの私に妻がそんな話を切り出したのは、松下新本部長の着任会見があった2日後、

2月27日の朝だった。

「鹿児島のホテルで幼い男の子と女の子が殺されてて、その父親はベランダから飛び降りて大ケガしたらしい……。41歳の父親は匿名になってるんだけど、自宅の飯塚市の団地でも9歳の男の子が亡くなってたみたい」

まだ頭が回ってない中、「飯塚市？　団地？　41歳？」そう繰り返す。

まさか……。

急いで自分のスマホでもネット記事を開いた。

『41歳の男が無理心中か、幼いきょうだい死亡。自宅で9歳の男児も死亡確認』

慌てて捜査一課担当の藤野に電話をかけた。

「藤野、ちょっといい？　鹿児島の事件なんだけど男の名前まだ出てないよね？」

「まだですね。飛び降りて重傷だったからまだ逮捕されてないです」

「自宅の住所言ってみてもいい？　飯塚市の県営花瀬団地X号棟YZ号室？　殺されたのは3歳の男の子と2歳の女の子？」

「えっ？　そうですそうです！　なんで塩塚さん知ってるんですか？」

警察班を離れた私の所には警察の広報文は回ってこない。そのことを知っている藤野は、私が容疑者の住所を知っていることに驚きを隠せなかった。

「それ、田中涼二だわ……山本の元夫の……」

「嘘でしょ……」

藤野は絶句した。


事件概要はこうだ。

2021年2月25日、福岡県飯塚市の団地で9歳の男の子が死亡しているのが見つかり、警察が同居する田中涼二が何らかの事情を知っているとみて捜索していたところ、翌日、鹿児島市内のホテルで幼い2人のきょうだいの遺体を発見、同室にいた田中はベランダから飛び降り大ケガをした。

この事件の一審の判決文などによると、2021年1月頃から田中は元妻の連れ子であった大翔《ひろと》君に殴る蹴るの暴行を繰り返し、その結果大翔君は2月16日に外傷性ショックで死亡。そして遺体を飯塚市の自宅に放置した。

田中は大翔君が死亡したのを確認した後、糟屋《かすや》郡内でレンタカーを借りた。

そして長男・蓮翔《れんと》君と長女・姫奈《ひな》ちゃんを連れて宮崎県串間《くしま》市へ向かい、知り合いに金を無心したそうだ。その後田中はガソリンが切れたレンタカーを放置、車内には使っていない練炭が残されていたという。

そして田中は電車で鹿児島に向かい桜島行きのフェリーに乗り、その後タクシーで鹿児島市内のホテルに向かった後、その一室で実子である蓮翔君の胸をナイフで刺した後、首を絞めて殺害し、姫奈ちゃんも首を絞めて殺害した。

「私、蓮翔、姫奈が3人ずっといられるよう火葬してください」

「最後まで本当にすみませんでした」

「気付いたら手遅れでした」

そう書かれた遺書があったことから、田中は無理心中をしようとしたのだろう。

田中は桜島に行った理由として、

「最後に子どもたちをフェリーに乗せてあげたかった」

と話していたという（2023年9月、上告棄却）。


なぜ、私が住所や子どもたちの年齢を知っていたかというと、田中涼二にインタビューの謝礼としてうどんMAPのグッズを送ったからだった。

そのやり取りの中で田中は、「子どもが9歳、3歳、2歳の3人なんですけど、それぞれに合うサイズのTシャツありますか？」などと聞いてきたため、子どもの年齢が記憶に残っていた。

田中は子煩悩だったのか、子どもたちの写真を大量にLINEのノートに載せていた。その写真を藤野に送り「急いで面確して」と伝えると、その日放送される報道番組「CUBE」のディレクターでもある慶さんにも、面確が終わり次第写真をオンエアに差し込む旨を伝えた。

驚きと共に少し興奮気味の報道部の面々とは違い、私は頭を抱えていた。

もう勘弁してくれ。

この負の連鎖はどこまで続くんだ？

俺はどこまでも背負い続けなきゃいけないのか？

ただのインタビュー相手だったらここまで思わない。そんな偶然あるんだね、で終わる話だ。しかし、なぜここまで思ったかというと、この事件の直前に田中涼二から金の無心をされていたからだった。

山本、岸の裁判でバタバタしていた2月8日、田中涼二から電話が入った。

「山本の裁判が始まってますね」

「そうですね」

「いつ判決出るんですか？」

「もう来月頭に出ますよ」

「あいつ死刑になればいいのに」

田中涼二からの電話はそんな風な他愛もない話で終わった。何だったんだろうと訝《いぶか》しんでいると、翌日も田中から連絡があった。

「塩塚さん、何度もすみません……。本当こんなん言うのアレなんですけど……。5万円貸してくれませんか？」

また金絡みの話か……。私はつい言い募《つの》ってしまった。

実は、田中涼二からは12月にも金の無心をされて断っていた。

「だから、何回も言ってるんですけど、そういうのできないんですよ」

ところが、12月の電話とは違って田中はかなり切羽詰まっているようだった。元妻に通帳を持っていかれてしまい手持ちがない。今は土木関係の仕事をしているが、コロナの影響で仕事が全くなく子どもたち3人を食べさせることができないと言う。

断る私に「そこを何とか！　そこを何とか！」と何度も泣きついてきた。

「……申し訳ないんですけど。お金のことは力になれないので、役所や児童相談所に相談してみたらどうですか？」

と繰り返し言うと、「わかりました……」と最後には力が抜けた感じで電話を切った。

その電話が、大翔君が亡くなるわずか1週間ほど前ということを考えると、決して自分のせいではないのに、自分のせいのように思えてきたのだ。


ちょうどこの頃、番組編成を決める部署の上司からこんな話が来ていた。

これだけ大きな反響があるから、火曜日の夜8時、ゴールデンタイムに流す特番を作ってほしいとのことだった。

通常この手の重たいテーマのドキュメンタリー番組は、深夜に放送される。深夜のドキュメンタリーは、それを観たいがためにチャンネルを合わせる人が多いが、その一方で火曜日の夜8時のゴールデンタイムは、お年寄りや子どもが観ていたりする時間帯だ。

その時間帯にこの太宰府事件を放送するのか。かなり思い切った話だった。

「2つ番組を作るのが大変っていうのはわかるから、同じやつでもいいよ？」

というのも、1992年からFNN／FNS主催でおこなわれている「FNSドキュメンタリー大賞」というフジテレビ系列局のドキュメンタリー番組コンテストがあり、テレビ西日本の来年度出品作は太宰府事件をテーマにした番組にすることがすでに決まっていたからだ。

ただ、これは深夜向けに作り込む予定だったので、とてもじゃないがそのままではゴールデン枠では流せない。おまけにゴールデンと深夜ではCMの数も違うし、放送分数も変わってくる。

「わかりました、2本作ります」

私は悩まずにそう答えた。

なぜ大変な作業を2倍やる選択肢を選んだのか？

その時間帯らしくない番組を放送するのは、例えば特別な日のディナーにハンバーガーを出すようなものだ。やっぱりゴールデンにはゴールデンの、深夜枠には深夜枠の「らしさ」

がある。そこは妥協したくない。どれだけ大変だろうとそこはテレビ屋としての意地だ。

……と、周りにはかっこいいことを言っていたのだが、本当のところはこの調査報道を始めてから背負い続けている色々なものをそろそろ下ろしていきたい、という思いだった。2つの番組を吐き出し口にして、それらを成仏させていきたい。そして、もうこれだけやり切ったのでここらで勘弁してください、と。

限界が来ていた結果の答えなのだと今は思う。

判決

小休止できるかなと思っていた2週間のうちに、杉内本部長の異動や田中涼二の事件などの大きな出来事があり、その日はあっという間にやってきた。

いつものように傍聴券の抽籤には長蛇の列ができていたが、自分の手で当たりくじを引き当て、山本の近くの席で判決の時を迎えた。

満員の法廷が静まり返る中、裁判長が口を開く。

「主文：被告人山本を懲役22年、被告人岸を懲役15年と6月に処す」

「被告人両名は、瑠美に対し、約1ケ月間という長期にわたり日常的、継続的にバタフライナイフを落として刺す、木刀で臀部等を殴打するなどの激しい暴行を繰り返し、瑠美が衰弱していく中でなおも暴行を加えて瑠美を死に至らしめた。

瑠美は家族から引き離されて孤立させられ、衣服や入浴の機会も満足に与えられないなど、劣悪な環境の中で監禁され、高カロリーの食事を強制されて無理やり太らされるといった不本意な行動を強いられてその行動を支配され、人としての尊厳を踏みにじられた末に生命を奪われており、この間に瑠美が感じた苦痛や無念さは計り知れない。

被告人両名は、瑠美を服従させて金銭を搾取するという私利私欲のために犯行に及んだものであるが、瑠美に対する優越感から暴行や虐待行為を楽しんでいた様子も見受けられる。身勝手極まりない犯行の動機や経緯に酌むべき点は全く見出せない」

傷害致死事件としては異例の重い判決だった。

裁判長はこの事件を、「同種事案の中でも最も重い部類に属する事案、またはそれをやや超える重さ」と形容した。

2人はあれだけ自分に都合のいいことばかりペラペラと喋っていたが、数々の証拠と証言から、

「互いに瑠美を亡くならせた責任を相手に擦り付けるような虚偽の弁解に終始しており、反省の態度が見られない」

と、裁判所にバッサリ切られていた。

それでもたった22年か……。と思う人もいるかもしれない。

2人は殺人容疑で逮捕されていたが、山本が車内で「こんなに早く死ぬと思ってないよ」などと話をしている録音が残っていたので、殺意の認定がされず、殺人罪ではなく傷害致死罪に落として起訴されることになった。

殺人罪は死刑、または無期若《も》しくは5年以上の懲役と定められている一方、傷害致死罪は3年以上の有期刑とされており、量刑の相場は懲役3年から10年と言われている。

実は遺族は、罪状が殺人ではないので無期懲役にはできないと裁判前に検察側から言われており、そこが悔しいと私に吐露していた。

厳しい罰を科せられることが決まった両被告。

どんな気持ちで判決を聞いているのだろう——。私は山本の様子を窺った。

山本は下を向き、顔を手で覆いながら肩を震わせていた。

また泣いているのかな、最後まで反省をしないんだなと思ったその瞬間、指と指の隙間から、ちらっと横顔が見えた。

笑っていた。

クックックと聞こえてきそうな不気味な表情で声を殺して笑っていた。

やはり、山本の壊れ方は段違いだった。

隆さんもそんな山本の表情を見ていて、閉廷後に、「笑ってたんですよ。信じられます？本当にふざけてますよ」と憤った。

私は当初、求刑23年に対してほぼその通りの判決が出たところをみると、裁判官も裁判員も瑠美さんや遺族の無念をしっかりと受け止め、目いっぱいの判断をしてくれたのだと少し安堵していたが、直後に山本のあんな姿を見ると、やはり刑は軽すぎると思い直した。


判決が出た後、裁判員による会見が開かれた。

この会見は、司法記者クラブが裁判員に対してお願いして開催されるものだが、希望者制なので参加者はいつも2人くらいだ。しかもテレビで放送されるのは大体首から下で、裁判員の顔が映ることはまずない。

ところが今回の会見は裁判員6人全員が出席、しかも全員が顔出しOKという前代未聞の会見となった。後にも先にも全員が顔を出して会見するなんて話は聞いたことがない。それだけこの事件が注目されていたのと、裁判員にとっても裁判の中で様々なむごい写真を見せられたり、警察に対する不満があったりと、このままでは帰れないほど心が苦しくなる事件だったのだろう。
会見は、マスコミが事前に質問を投げ、それに対して裁判員が回答するという方式を取っており、まず裁判員は量刑に関する歯がゆさを口にした。

（以下、抜粋）

裁判員①「私が言うべきではないと思いますが、判決が申し訳ないという気持ちが残りました。裁判員とは、量刑とは、人の命とは、を考えさせられた1ケ月でした」
裁判員④「（判決が）思っていたよりも私には……もう少し重くあってほしい。でもそれができないもどかしさを感じました」

そして、佐賀県警の対応に関して質問が及ぶと、全員が苦言を呈した。

（以下、抜粋）

裁判員①「警察の対応はとんでもないことだと思いますし、何かないと動かないのでは防犯の意味もなく、異変を感じても誰も通報しなくなる。そうなったらまたこのような悲しい事件が起こらないとも限らない」
裁判員②「最悪の結果になってしまった。このような事態に至る前に見抜けなかったことは非常に残念でなりません」

裁判員④「警察の対応がちゃんとしていれば、瑠美さんがこういう結果になっていなかったと思うと悔しい。市民側の目線を持って対応していただきたい」

裁判員⑥「最初に届けをした時に遺族の方の話を丁寧に聞いていればこのような状況を防ぐことができたと思います」

2019年10月20日早朝。

突然病院に呼ばれた母親の圭子さんは、福岡県警の捜査官から「見ていただけますか……ひどい状態ですが」と瑠美さんの遺体確認を告げられた。

山本たちは日常生活で目に触れそうな部位には暴行を加えなかったので、顔は比較的綺麗だったそうだが、急激に太らされ、かつ外傷性ショック死の特徴である浮腫《むく》みもあって、圭子さんの知る瑠美さんではなかったそうだ。

顔を一瞥《いちべつ》した母親は、「見ます」と捜査官に伝えて、瑠美さんの体を見ると、全身、黄色、青、紫、黒の無数のアザだらけの状態だったという。

殴打された場所の色は時間の経過と共に変わっていくので、様々な色のアザが点在することから、長期間にわたり暴行されたことが捜査官にはわかっている。

捜査官は、変わり果てた娘の姿を見て呆然とする圭子さんに、「……絶対に無念を晴らしますから」、そう誓ってくれたという。

その言葉の通り捜査は尽くされ、1年半もの長い時間をかけて遺族にとってもある程度納得のいく判決も出た。

しかし、もちろん瑠美さんが戻ることはない。

せめてこの件を教訓に、という遺族、私たち、裁判員の思いとは裏腹に、ほぼ同時刻の佐賀県議会では、

「相談は金銭トラブルだった」

と相変わらず繰り返している佐賀県警がいた。

時間は巻き戻せないが、せめて……。

そんな願いは一切届かず、巻き戻しては再生される同じ答弁。

まるで佐賀県警だけ時が止まっているかのように。

第4章

背負った荷物

それぞれのゴール

2021年3月10日、佐賀県議会が開かれ、2月に着任したばかりの松下徹県警本部長と佐賀県公安委員会の安永恵子委員長に対して、共産党の井上祐輔佐賀県議会議員から追及があった。

遺族が公安委員会に第三者による再調査を求めた結果、「当時の対応に不備はなく再調査もしない」とした公安委員会に、その結論の理由を問うものだ。

井上議員はまず、公安委員会の役割について尋ねた。

井上「公安委員会の役割についてというのは、県公安委員会のホームページにも記載をされております。（中略）『公安委員会は、警察行政に県民の方々の意思を反映させながら』で、先ほどお話をしたところが書かれています。私はやっぱりここの部分が一番、今、大変重要な部分であるというふうに思っています。安永公安委員長として、こういった県民の声を反映させる、その大きな役割を持ったのが公安委員会としての役割だという認識でよろしいですか」

安永「公安委員会の役割としまして、県民を代表すると知事から任命を受けておりますので、県民の意思を反映させるということも役割というふうに認識をしております」

井上「御遺族の方たちはこれだけ自分たちの主張と意見が違っているんだということで、その声について聞いてほしいということを述べられています。やはり公安委員会としてもしっかり聞き取りをするということが、私は大事じゃないかなと。

冒頭、この公安委員会の役割についても少しお話をさせていただきましたが、やはりしっかり県民の意見を反映していく、その上でもより正確な意見を反映していくためには、文書のみでなくしっかりと御遺族の方たちからお話を伺うということも一つの方法ではないかなというふうに思いますが、公安委員長として、その点どのようにお考えでしょうか」

安永「公安委員会は、県民の方々から苦情や要望を多数受け付けておりますが、文書で受け付けることになっております。公安委員会は不偏不党、かつ公平、中立に職務を遂行することを求められる立場でありますので、特定の県民にだけお会いするということは控えるべきと考えました」

安永委員長は、遺族から第三者委員会設置等の要望書が出されて以降、佐賀県警から話を聞きながら、かなりの時間をかけて8回も議論を重ねてきた。他の県民との公平、中立性を考えて直接会うことはしなかったけれども、亡くなった女性の無念、そして、遺族の気持ちに思いを馳せて対応させていただいたと述べた。

だから、そうではない。思いを馳せたなんて私見は本当にどうでもいい。

県民から警察行政に対する苦情が来て、調査を依頼されている。

県民の意思を反映させながら警察を管理しなければならない公安委員会が、なぜか「他の県民との公平性」を持ち出して、今回の問題の当事者である遺族に話を聞かずに、「問題がある」と指摘されているもう片方の当事者の話だけを聞いて、不公平に結論を導き出したことがおかしいと言っているのだ。

この人の言う「不偏不党」「公平、中立」とは、県民に対してのみ発動され、管理すべき佐賀県警に偏っていても全く問題がないようだ。

判決後、折りに触れ遺族と話している時に一つ新しい気付きがあった。

それは遺族のゴールがそれぞれ微妙に違っているということだ。

母親の圭子さんと妹の真理さんは、瑠美さんの肉親であることと、自分たちが主に鳥栖署に何度も足を運んでいたこともあり、やっぱりまだ佐賀県警を許すことができていない。

一方で、隆さんは心証が違っていた。

瑠美さんに山本からの圧をすべて背負わせ、自分だけ生き残ったことを申し訳ないと思う気持ちを残しつつも、判決を経て、ここらで先に進まなければいけないという意志が強いように感じた。

ここまでメディアに取り上げられ、ここまで世間が騒ぎ、佐賀県警の杜撰さと醜態が世の中にさらされたにもかかわらず、当の佐賀県警は認めようとしないし変わろうとしない。

押しても引いても無駄。

そういう状況になると、そこに立ち向かうよりも、それを受け入れてしまった方が前に進める、隆さんはそう気持ちを切り替えようとしているかに見えた。

その月、公安委員会からの提言を受けて佐賀県警が市民からの相談に関する訓令を改めることが発表され、相談簿の書き方等を改良することを発表した。それは以下のような内容であった。

一　機動的に対応できる相談態勢の整備
・相談受理態勢の充実
・宿日直時間帯における対応
二「相談等取扱票」等の在り方の見直し
・「相談等取扱票」様式の見直し

・相談者の意向を踏まえた記載
三 相談者への丁寧な相談等対応
・相談者に対する事後連絡の要否確認
・書類の確実な作成・保管

これらはまさに1回目の遺族説明で高村刑事官が言っていた「対応の不備」に関する内容で、言われなくてもやって当たり前の幼稚な中身なのだが、提言を受けて訓令にしなければ、仕事をしないような組織らしい。

それに訓令を変えたということは、実質非を認めたようなものだが、その因果関係は当の佐賀県警は認めない。

言わせてもらえば、いくらご立派な訓令になろうが、運用するのは結局人間だ。

訓令を変えただけで、今回のような問題をあの組織が解決できるようになるとは到底思えない。

そんなことより、もっと大切なことがあるはずだ。

それは市民に寄り添うことだ。

何度も懸命に訴えていた遺族らに鳥栖署の人間が少しでも寄り添うことができていれば、ご立派な訓令など要らなかったはずだし、瑠美さんが命を落とすこともなかった。

そして、逆にこう問いたい。

佐賀県警は、たかが相談簿を改良すれば、命を救えるようになるのか？

私は2つの番組を制作することになった時期から、一連の流れをどう「閉じるか」について考えるようになっていた。

一つだけ最初から決めていたのは、遺族全員が、「もう十分です」というところまでやり切ることだった。私でも報道部でも会社でもなくて、遺族全員が、「塩塚さん、もう大丈夫です」と納得してくれるまで取材班は一緒にやり続ける。そこはブレていなかった。

取材を進めていく中で、この問題を追及し続ける理由はなんだろうと考えると、それはやはり一人の命を奪った佐賀県警の杜撰な仕事を徹底的に糾弾するべきだ、という点だった。

もし佐賀県警の誰かがちゃんと寄り添っていたら、絶対こういう結果にはならなかった。そこを追及しているにもかかわらず、私たちが遺族に寄り添うことを自分たちの意思で止めてしまうのは本末転倒だと思った。

この案件にこんなに深く関わり、色々な人の人生を変えてしまったことに対して、その責任はどう負えばいいんだろう、と考えた時に、やっぱり相手が納得するまで寄り添うことは絶対放棄してはいけない、そう改めて自戒した。

元々この調査報道は、自ら率先して企画して取材・制作したものではなかった。

きっかけは警察班のキャップだった西川さんが遺族から、「警察の怠慢のせいで瑠美が亡くなった」という訴えを聞いたことだった。

だから私がこの番組の制作に携わったのは、「偶然」だったと言える。

西川さんとサブキャップだった私の2人で、入り組んだ人間関係を解きほぐしながら1年近く取材している間に、西川さんが異動になってしまった。

西川さんから後を託された私はそこから、遺族の怒りや被害者の無念を背負うことになった。

しかも背負ったのはそれだけではなかった。

被告らが私に向けた怨念。

証言者が取材の後に犯した、事件の後悔。

報道によって、平穏な公務員人生が暗転した警察官たちの人生。

最初は遺族の気持ちに「寄り添う」という思いで特集を作るよう心がけていたが、遺族に寄り添い続けた結果、気付いたら色々なものを背負わなくてはいけない状況になっていた。

もしここまで遺族に寄り添っていなければ、こんなに深く知る必要もなかっただろうし、背負うものも少なかっただろう。

両肩にのしかかる様々な人生が、あまりに重すぎて本当に眠れなくなった。

肩の荷を下ろし、どこかへ逃げ出したくなる瞬間が何度もあった。

でも途中で投げ出すわけにはいかなかった。

藁《わら》にもすがる思いで助けを求めた市民、そこに寄り添わなかった警察組織。

それを追及している自分が、寄り添うことをやめて逃げ出すわけにはいかない。

そんなことをしたら佐賀県警と同じ穴の狢《むじな》じゃないか。


2本の番組の放送は5月18日、20日と決まっていた。

その制作の過程で、遺族に取材を進めていくと、やはり3人の熱量はそれぞれ違っていて、どちらかというと落ち着き始めた隆さんに対して、圭子さんと真理さんはまだ佐賀県警に対しての怒りが収まっていないようだった。だから最後まで、やり切るまで寄り添っていくことが必要だね、と藤野とも話していた。

圭子さんと真理さんは、取材の時から比較的感情を表に出して話してくれるタイプで、県警や被告人たちに対する思いは感情を露わにしながら証言していた。

その一方で隆さんは、普段のインタビューでは基本冷静なので、こちらもどういうタイミングでどこまで聞いたらいいかを測りながら取材をしていた。

隆さんが感情を爆発させたのは、以前車の中でインタビューした時、子どもに申し訳ないと吐露した場面くらいだった。

しかし、裁判で証人として立った時の隆さんは、あの時のように感情をむき出しにし、嗚咽していた。

そんな姿を見ていた私は、隆さんももしかすると、この裁判や証人出廷という場を通して、抑圧していた感情を棚卸ししているんじゃないかと察した。

隆さん本人は、ある程度気持ちは一段落していると言っていたが、それは半分は本当、半分は嘘で、実はまだ自責の念を抱えているのではないかと感じていたのだ。

そして被告人や弁護人、検察官がいる場であそこまで感情を爆発させているのは、そんな念を浄化しようとしているふうに見えた。

自己破産を申請するほどの莫大な借金。

愛する母を亡くした子どもたちのケア。

多数のメディアへの対応や記者会見。

様々な荷物を背負っているにもかかわらず、なかなか感情を表に出さない隆さんのことを私はずっと心配していた。だから人目も憚《はばか》らず号泣している姿を見て、少し安心したのも事実だ。

以前、隆さんにインタビューした時、もし自分か瑠美のどちらかが死ぬんだったら、自分の方がよかったんじゃないか、とこぼしていた。

瑠美さんは子どもたちにとってとても良い母親だったし、面倒見が良くて愛されていて、子どもたちも瑠美さんのことをとても慕っていて、そんな子どもたちの、この世で唯一人の母親という存在を救ってあげられなかった。

残るべきは自分じゃなくて、瑠美だったんじゃないか。

そう言って隆さんは唇を嚙んだ。

そして裁判で、山本と岸の幼稚さを目の当たりにし、すべてを山本のせいにする〝元ヤクザ〟のマー兄の発言を聞いて、なんで瑠美はこんな連中に取り込まれ、非業の死を遂げなくてはいけなかったのだろうと、あまりの馬鹿馬鹿しさに虚脱感を覚えたようだった。

裁判で感情の棚卸しができている様子が窺えたのはよかったが、すべてが良い方向に向かっていたかというと、必ずしもそうではなかった。

隆さんは、瑠美さんの死や佐賀県警のことを受け入れるのではなく、過去のものにするために必死に忘れようとしていたのだ。


判決の日以来、約1ケ月ぶりに顔を合わせた隆さんは、何かを吹っ切ろうとしているような、何とも言えない顔をしていた。

車を停めた駐車場から少し一緒に歩き、瑠美さんや子どもたちと住んでいた、今は無人のアパートに着くと、郵便受けに山のように郵便物が溜まっているのが目に入った。

隆さんはそれを少し乱雑に引っ張り出すと、その場で仕分けをしながら言った。

「家の中には入らんです」

隆さんにとって、瑠美さんとの思い出の詰まった大切な場所。

しかし、山本と知り合って13年間ずっと苦しめられてきた場所でもある。

もし今、この扉を開けてしまえば、内側から思いが溢れ出してしまうのだろう。

「……事件があって、周りにも知られているっていうのもあるし、そんな環境に子どもたちを置きたくないから、職場近くに引っ越そうかなと思っています」

言いたいことすべてを胸の内にしまい込み、理由をつけて必死に背を向けているように、私にはみえた。

早く忘れて再出発しなければならない。

いつまで引きずっていても借金は返済できない。

施設に預けている子どもが戻ってくるわけではない。

だから一生懸命心の整理をして、一つ一つの現実に自分で折り合いをつけていこうとしているのだろうと。

私が、これからどうするのかと尋ねると、

「もう今からはどうにかしてお金を作って、生活基盤を作った上で子どもと一緒に住めるような環境を一刻も早く作りたいと思ってます」

と答え、ついに、最後まで一度も家を振り返ることなく、こう言った。

「動いていかないと、時はどんどん流れていくからですよ、結局……」

思い返せば、取材を受けると覚悟を決めたのも今みたいに桜が満開の時だった。

あの頃、誰もいなかった公園には、人の姿が少しずつ戻ってきている。

すべて受け入れて前を向いたわけではない。言いたいことも溢れんばかりにあるだろう。

それでも、先に進むことを選んだ隆さんは、零れ桜から散った花びらのように、この日をもって佐賀県警の追及から離脱した。

最後の良心

特別番組の放送まですでに2ケ月を切っていた。

制作のコアメンバーは、取材統括と演出ディレクターが私、編集はずっと太宰府事件のニュースの編集に携わっていた橋本さんと、私が入社した時からお世話になっている利光英樹《としみつひでき》さんの2人、そして永松デスクがプロデューサー。この4人で編集室に集まり話し合いが始まった。

同じ題材で2つの番組を作る、今までやったことのない試みだ。

深夜枠のドキュメンタリー番組とゴールデンタイムに流す番組を、どうやって作り分けるか。

まず、深夜のドキュメンタリー番組は、「遺族がこの1年、どういう思いで佐賀県警と対峙したか」をテーマに作ることを決めた。

そして、ゴールデンタイムの番組は、「被告と佐賀県警がいかにひどいかということと、こんな悲惨な事件が身近で起こっていたことを老若男女に、広く知ってもらう番組」を目指すことになった。

話し合いの中で、「そもそもどうやって制作を進めていくのが正解なんだろうか？」という議論になった。すると利光さんが、「塩塚、とりあえず両方とも構成作ってこい」と私に提案した。

利光さんはベテラン編集マンで、テレビ西日本の編集を支えている凄腕だ。ウチが毎年作るドキュメンタリー番組の編集には必ず携わっている。

私はまず、ゴールデン番組の構成から考えることにした。どうすれば多くの人に見てもらえるのか。

そもそも、視聴者は夜の8時にあんなに残酷な事件の番組を観たいのだろうか。

私の家みたいな幼い子どものいる家庭だったら、チャンネルを変えるかもしれない。

そこで、今回の構成を考える上で、お手本にしたのがビートたけしさんがナビゲーターの

「奇跡体験！　アンビリバボー」だ。

あの番組は本当によくできていると思う。インタビューや実際の映像をベースに、ところどころ再現ドラマがあり、要所でストーリーテラーのビートたけしさんの喋りを挟むことで場面転換もスムーズだ。

今回は、事件そのものの凄惨さと佐賀県警の不作為という大きすぎるテーマを1時間でうまくまとめなければならない。そうなると、テンポを上げつつゴールデンタイムにテレビを観ている老若男女の視聴者が置いてけぼりを食わないように、わかりやすく描かなければならなかったので、「アンビリバボー」はまさにぴったりのお手本だった。

ナビゲーターには、夕方のニュースでずっとこの事件を報じてきた山口喜久一郎アナウンサーを起用した。

番組制作に必要な素材はすでにたくさんあった。しかし山本らの暴行シーンに関しては、視覚化しないと絶対にその酷さが伝わらない。一つの方法として、裁判で傍聴した山本らのやり取りをそのまま文字で使う案もあったが、映像よりももっとグロテスクになる可能性もある。そこで暴行シーンについては、1回目の特集で使った再現ドラマを撮り直すことに決めた。

もちろん、これはフィクションではないので、1回目の時と同じくすべて事実に基づいて精巧に嘘偽りなく作り込まなければならない。佐賀県警という公の組織を糾弾するからには、裁判で出てきた証拠や取材で得た複数の証言を多角的視野で検証した上で、完全に裏取りできたものしか再現しないことを上層部には改めて約束した。

そして、最も肝心なのがオープニングだ。

これで番組を観てもらえるかどうかが決まると言ってもいい。

元々ディレクターやカメラマンだった私は、これまでの引き出しの中からああでもないこうでもないと、ここに最も時間をかけて思案した。「報道ドキュメンタリーのはずなのに、これは一体なんだ?」と視聴者の興味を引けるよう、山本たちが瑠美さんの遺体をどうするか車内で焦りながら話し合う再現ドラマから入り、太宰府市のネットカフェの駐車場に、瑠美さんを寝かせるシーンをドローンで俯瞰していって「すくえた命」というタイトルを出すことに決めた。

ここからは、小説よりもおぞましい事件の流れをそのままとめていく。

普通の主婦がなぜこんな事件に巻き込まれたのか、隆さんへのインタビューや智一さんの借金の話と失踪させられていた話を入れ込んで、複雑な事件の人間関係を少しずつ解きほぐす形で展開する。

山本という人間の背景も色々な角度で取り上げる。

山本とマー兄との間には「恐喝の方程式」ができていて、20年前からその方程式で恐喝を繰り返していたことをマー兄本人や田中涼二の証言を使ってあぶり出す。

そして、岸とやり取りした手紙によって山本がどうやって金を巻き上げてきたのかや、以前に酒井美奈子さんという女性が瑠美さんと同じ手口で亡くなっている話を織り込む。

こうして視聴者には「いかに山本たちが残忍か」を伝える。

ここまでをまとめた上で、異変に気付いた遺族が瑠美さんの死の3ケ月前から鳥栖警察署に相談に行っていたが、真剣に対応してくれなかったという一連の不作為に迫っていくという流れだ。

山本たちの悪事を先にしっかり説明しておくことで、遺族がどんな気持ちで警察に助けを求めたのかが視聴者にも痛いほどわかり、佐賀県警の対応のひどさがより鮮明に伝わるだろうと考えた。

構成を作った翌日、再び4人で集まり私の案を見せた。

通常、番組を作る上で、この段階で誰かが異論を挟むことが多いのだが、今回は誰も異議を唱えなかった。むしろ画が想像つく構成だと言われ、これで進めようということになった。

この時点で全速力で編集を始めなければ間に合わないくらいのスケジュール感だったが、足りない素材がまだいくつもあった。

まず、裁判を経て以前よりも描くべきシーンが増えた再現ドラマの録り直し。そして遺族への追加インタビューや、以前は撮影を拒まれた「マー兄」の肉声も必要だった。

今回はカメラの前で話をしてもらおうと、取材班は連日自宅を訪ねたが、相変わらず拒まれた。しかし、あまりにしつこい我々に根負けしたマー兄は、電話やインターフォン越しに色々と証言をするようになった。

「恐喝の方程式」の話を始めとする山本との関係、恐喝にどう関わってきたのか、瑠美さんの最後の1ケ月の様子などを語った。結局、隆さんへの恐喝未遂罪で執行猶予判決となったマー兄こと松尾であったが、そんな松尾からも佐賀県警を批判するこんな声を聞くことができた。

「あれ（脅迫テープ）を持ち込んだ時点でワシと山本を逮捕しとけば、この事件は恐喝未遂だけで終わってるはず。怠慢、佐賀県警の。同罪よ、佐賀県警も。ワシらと同罪よ。はっきり言って」

本当にどの口が言っているんだとも思ったが、佐賀県警の仕事ぶりを表す上でこれ以上ないコメントだった。

そして、この調査報道番組をどう締めるのか、という重要なラストシーンだが、私には佐賀県警が主張を覆した時から絶対にやると決めていたことがある。それは、1回目の遺族説明で謝罪していた佐賀県警の幹部、高村刑事官への直撃取材だ。

あんなにも誠実に遺族と向き合ったもう一人の幹部、武田管理官はすでに組織の無謬主義の呪縛に取り込まれた。であるならば、いまも鳥栖署に残る高村刑事官はどう考えているのか、と。私が「佐賀県警最後の良心」と考えている高村刑事官がいま何を思うのかこそが、佐賀県警の今後を左右するといっても過言ではなく、番組の締めにふさわしいと思っていた。ところが、やはりこういうタイミングに限ってヤマは動く。

佐賀県警幹部の春の人事異動が内示されたのだ。

しかもその内容は、高村刑事官、武田管理官、鳥栖署の署長、綾部巡査長の上司である生活安全課長など、この件に深く関係した職員全員が異動というもので、しかも役職やポジションでいうと全員が一つ上がるという昇格人事だった。

佐賀県警はこの人事をもって「何も問題はなかったですよ」とアピールしようとしているとしか思えない。

「ふざけやがって」

取材班のボルテージは、さらにもう何段階も上がった。

この人事で高村刑事官は、鳥栖署から佐賀北署に異動となる。

佐賀北署は鳥栖署に比べて広い。そうなると署への出入りがわかりづらくなり、直撃のハードルは格段に上がる。

タイムリミットはわずか5日後に迫っていたが、高村刑事官を直撃取材するにはこれまた大きな問題があった。

前回の綾部巡査長の直撃と同じように、取材班の誰も高村刑事官の顔がわからないのだ。

前回は遺族が綾部巡査長の顔をハッキリと覚えていたので、それが奏功したが、頼みの遺族に尋ねるも、高村刑事官には一度しか会っていないので自信がないという。しかも誰もがマスクをしていたあの状況では、さらに記憶は曖昧なはずだ。

遺族から辿っていくルートは断たれてしまった。

そこで私は高村刑事官の顔を割るため、新聞の過去記事が読めるデータベースを漁ってみた。すると10年程前のある地方紙に「お巡りさんのコーナー」があり、唐津署かどこかの生活安全課長に新たに着任しましたという記事の中で、若き日の高村刑事官の写真が掲載されていた。

しかし写真は新聞記事の白黒かつ10年も前のもので、一応遺族に写真を送ってみたものの、「こんな感じだった気もしますが……、自信がないです……」という返事が来た。

取材班は全員高村刑事官の顔を知らない、遺族に聞いても曖昧だ。他の記事を漁ってみても使えそうな写真等は見つからない。

高村刑事官の顔が判別できない状態である以上、直撃取材をするのは不可能だ。

万事休すか。頭を抱える取材班に、意外な救世主が登場した。

それは私の妻だった。

彼女は普通の専業主婦で、探偵やジャーナリスト経験など皆無だが、なぜかネットリサーチのスキルが驚くほど高い。SNSをフル活用して色々なことを調べ上げる。

例えば、探したい該当者のアカウントをTwitter（現X）で見つけると、そのアカウントに友達申請を送る。単に申請を送るだけではダメらしく、その人間の友達の傾向とか好きなブランド等を調べて、そのブランドの商品の写真をUPしたりして、あたかも同じブランド好きだから申請してきたかのようにみせかける。相互フォローに成功すると、その人間が投稿した写真などから、どういう場所に出入りしているかをリサーチする。

「この投稿の写真、ローソンの◯◯店だね。しかもカップラーメンにお湯入れてるよね？ということはこのローソンから家近いんじゃない？」そんな感じだ。

以前そのような手法で妻は、とある事件の重要参考人がどこに住んでいるかを探り当てたことがあるのだが、私はその時「絶対に悪さはできないな」と悟った。

そんな妻からリサーチの極意を伝授された私は、すでに警察署のホームページからは削除された過去のブログをネットの奥底から発掘した。

そのブログには、あの新聞記事からおそらく10年経過したであろう風貌の高村刑事官が、感謝状贈呈の集合写真の中に写っていた。

再び遺族に確認すると、「そうそう。たぶんこの人です」と断定的ではないながらも、かなり高い確率でこの写真が本人であるような反応をした。

残された時間はもうない。この写真を頼りに直撃だ。

高村刑事官の異動まであと3日。

綾部巡査長直撃の時と同じように道を挟んだスーパーの駐車場に車を停め、望遠レンズで署の入り口を監視する。そして慶さんが鳥栖署の前で一人待機し、刑事官の車のナンバーなどを私たちに伝えたら全力で追いかけるという作戦だ。

「あの人じゃない？」

綾部巡査長と違って警察幹部の帰りは基本的に早い。

終業時間から10分足らずで玄関に姿を現したのは、間違いなく写真と同じ人物。高村刑事官とみられる人物だった。

その人物は駐車場に向かうと、車に乗り込んだ。

「出るよ！」

スーパーの駐車場から急いで車を発進させて追いかけるが、鳥栖署を出て一番最初の信号で引っ掛かってしまいあえなく失敗した。

そして翌日の木曜日、今日こそはと取材班が鳥栖署の前に張り込んでいると、署から出てきた高村刑事官らしき人物はそのまま駐輪場に向かうと、原付バイクにまたがり発進した。

「車じゃないのか！」

慌てて尾行を開始したものの、原付は鳥栖署の前の道路に停めた我々の車の脇をすり抜けて行ってしまった。

残り１日しかない。

佐賀北署に異動後になると直撃は非常にやりにくくなる。鳥栖署出勤の最終日、絶対に失敗は許されない。せめてヤサが割れていれば……とダメ元でリサーチをしてみた。

警察署の幹部というのは、もし何か事件が発生したらすぐに署に向かわないといけない。例外もあるが刑事部門のトップであればなおさらだ。そういう事情もあって警察署の近くの官舎に住んでいることが多い。しかも原付でも動いているということは、そんなに遠くもないはずだ。

官舎は県の所有だから、おそらく入札記録などを調べれば出てくるだろうと思ってリサーチしてみると、案の定2つの官舎が出てきた。そしてそのうちの2つ目の官舎の駐車場に行ってみると、1日目に逃してしまった車が停まっていた。

ここだ。おそらく間違いない。


最終日がやってきた。

警察署から当該の官舎までの道のりはほぼ一直線。しかし、最初の信号の切り替わりが早く、また原付で行かれてしまうと万事休すだ。

そこで、慶さんが鳥栖署の前で高村刑事官の帰宅とその手段を見張り、私とカメラマンは信号を越えたところにある市民文化会館の駐車場で待機し、連絡を待った。

慶さんからの電話が鳴った。

「塩塚、たぶん来たっ！　徒歩！　徒歩！」

最終日は徒歩で来たか！

「今まっすぐ行った！　そっちの方向に向かってる！」

「わかりました！　確認します」

電話を切る。

本当に高村刑事官なのだろうか？

顔はしっかり確認できるのだろうか？

間違えたらおしまいだ。

この日担当した清武昭皓《きよたけあきひろ》カメラマンが高村刑事官が歩いてくるであろう方向に望遠レンズを向けている。私はそのＬＩＶＥ映像をモニターで確認する。

「……間違いない！　間違いない！　間違いない！」

確信した。高村刑事官だ。

だんだん近づいてくる。

今回の高村刑事官への直撃は、前回の綾部巡査長の時とは意味が違う。綾部巡査長は、遺族に寄り添わず、結果的に瑠美さんが亡くなるという結果に終わってしまった一連の流れの「事の発端を作った人間」だ。

その一方で高村刑事官は、遺族への１回目の説明会で、鳥栖署が至らなかった部分を謝罪した人間だ。私たち取材班は、高村刑事官は佐賀県警の中で数少ない「良心を持った人物」

だと確信している（だからこそ、高村刑事官は1回目の遺族説明会以降、遺族対応から外れた）。

でも本当の姿はわからない。

一体どんな人なんだ。

手に緊張が走る。

「あれ？　いなくなったよ！」

姿が突然見えなくなった。

すぐに慶さんから電話が鳴った。

「曲がった！　公園の中に入って近道してる！」

行くぞ。

車を降りて猛ダッシュで追いつくと、後ろから話しかけた。

「高村刑事官、TNCです。TNCです。太宰府事件のことで伺いに来ました」

高村刑事官は、驚いた表情を見せたが、すぐに毅然とした態度に切り替えた。

「あなたがTNCという証拠、身分証明書もなんもないやない」

名刺を差し出す。

「結局ですね、高村刑事官が認めてらっしゃったことに関して」

「え？　何の？」

「対応の不備です」

「あー言えない言えない。真実はね、一つしかありませんからね。以上」

再び歩き始めた刑事官に畳み掛けるように質問をする。

「そう思うんですけど、高村刑事官が認めてらっしゃった中で、組織としては別の結論を出したわけじゃないですか？」

（中略）

「……ちゃんと本部長が答えたじゃないですか」

と、本部長の発言したことがすべてで、それ以上でもそれ以下でもないというような言い草だ。

「本部長が言ってることが今正しいと思ってらっしゃいますか」

「そのことについて、私は何も言いません」

幸いにも高村刑事官が徒歩で帰宅してくれたおかげで、取材する時間を長く取ることができる。これは幸運だった。3日間諦めなくてよかった。

明らかに、高村刑事官は揺らいでいる。

やっぱりこの人は「良心」なんだ。

なぜなら、もし本部長が言っていることが「正しい」と思っているなら、私の質問に「はい」と答えればいいだろう。でも彼は、何も言いません、と言った。

やっぱりこの人は、きちんと調査した上で、綾部巡査長をはじめとする当時の鳥栖署の面々が誠実に対応していれば助かったかもしれない、と思っているのだ。

そして佐賀県警が遺族や世間に対してこのままの対応を取り続けていたら、組織として良くなることはないとわかっているのだろう。

この人は、血が通っている。市民に寄り添おうとした「警察官」だ。

私はこう続けた。

「高村刑事官、あなたが本当に佐賀県警の良心なんですよ」

すると、刑事官は立ち止まり、

「……私が県警の良心と言ってくれたことはありがとう」

と言った。風向きがちょっと変わった。

「高村刑事官は監察にもいらっしゃって」

「いましたね、よく調べてますね」

「昔は鳥栖署の生活安全課の課長でもあったわけじゃないですか。署の事情ももちろんご存じで、かつ警察官の職務に関しても詳しいわけじゃないですか」

「詳しいのは私だけじゃないですよ？」

高村刑事官は徐々に心を開き始めたのか、雑談のような話にも付き合ってくれるようになった。

高村刑事官は鳥栖署の生活安全課という、まさに今回問題が起きた部署の長もやったことがあり、その後、監察官などを経て、事件後に当該の署に戻ってきた人間だから、署の事情もわかっているしモラルも相当にあるはずだ。

「そういう高村刑事官がですね、署としてお詫びしながら説明しているんだ、という話を遺族にされていたわけですよ。だけど県警としては違う結論になっちゃったわけですよ。今どう思っているんですか。県警本部長が言ってる結論の通りに考えが変わったんですか」

「考えが変わるも何も、そんなことありませんよ。ただ、全部本部長が記者会見でもやってるじゃないですか」

そう反論する高村刑事官に対して私はやや強い口調で迫る。

「いや違います、あなたは幹部なんですよ。県警からしても幹部なんですよ、警視って。だから高村刑事官が遺族に話されたことって、かなり重要なんですよ。それがいま『担当者個人の思い』って切り捨てられてるんですよ。どう思われるんですか、私たちは信じてるんですよ、高村刑事官を」

そう言うと、高村刑事官は再び立ち止まり、

「信じていただいてありがとう」

と、私の方を向いてはっきりとした口調でそう言った。

私はいまや唯一信頼できる高村刑事官に、こんなことを問いかけてみた。

「これで佐賀県警良くなりますか？」

「…………」

押し黙ってしまった。

無言が続く中、刑事官にこう切り出した。

「公安委員会から提言された、対応に関してだったり、当直体制に関する提言とかって、これができてたら、もしかしたら救えたかもしれない、ってことだったじゃないですか。まさに高村刑事官があの7月の場で遺族に言ってたことなんですよ。わかりますよ、組織人っていうのはわかりますけど、一警察官としてあの対応をどう思ってるんですか、今」

そう、高村刑事官は佐賀県警の幹部職員であると同時に、一人の警察官のはずだ。

本人もこの狭間で揺れているのが見え隠れする。

佐賀県警で唯一、遺族に寄り添おうとした個人としての高村と、組織の都合で時としては個を殺さなくてはいけない立場にいる組織人としての高村。

「私から答えることはありませんよ」

「あの発言っていうのは正しかったと思ってますか、7月の遺族に対しての、これは県警としてじゃなく、高村刑事官の発言です」

高村刑事官の身なりは本当にビシッとしていて、ネクタイもこれでもかというくらい、きっちり締めていて、歪《ゆが》みも一切ない。

歩く姿も背筋をしっかり伸ばしていて、まさに警察官の模範という感じだ。

この人だけは、「警察官」であってほしい。

無謬の論理に取り込まれず、信念を持った警察官であってほしかった。

また、しばらく無言が続いた後、ようやく口を開いた。

「……あのね、ひと言言うけどどね、対応はね一個人として対応してるんじゃないんですよ」

警察組織の一員として対応している、高村刑事官のその言い分はわかる。

だからこそだ。あの時の謝罪を「担当者個人の思い」なんて言い分は許さない。

「佐賀県警の担当者として遺族と対面したわけですよね、あの時。そこで佐賀県警の幹部として発言されてるわけですよね」

「だから、私が言ったことわかってるじゃないですか、そのままですよ」

「ですよね、だからその発言が今、結論が変わってるんですよ」

この人は、絶対にわかっているはずだ。

わかっていても、真実を伝えると何人もの警察官の人生に影響を与えてしまうから、決してカメラの前では本音は漏らさないのだろう。

やっぱりこの人も「あちら側」の人間なのか？

「……何にも変わってないでしょ？」

その声は上ずっていた。

「ちゃんとね、県警として対応した、警察署として対応した、そのことを説明した、ただそれだけですよ。以上」

そう言い捨てて官舎へと去っていく刑事官。

「高村刑事官、あなたが良心なんですよ。このままでいいんですか」

立ち去っていく背中にそんな言葉を投げかけた。こうして唯一の「佐賀県警の良心」も、深い闇の中へと消えて行ってしまった。

頼みの綱だった最後の砦を、ついに落とすことはできなかった。


警察組織の無謬さは予想以上のもので、どんなに世の中の印象が悪くなろうが、この悪しき出来事を警察自身には認めさせることができなかった。

議会等で、ひたすら同じ説明を繰り返すだけの佐賀県警や公安委員会。

ようやく「最後の良心」にたどり着いてそこに賭けてみたものの、実際にその良心も最終的には無謬主義の呪縛からは逃れられなかった。

これだけ世の中の人が声を上げても、変わらないものは変わらない。

世間の声や特集の評判を聞くと、こちらが優勢のような気になっていたが、実は何一つ、1ミリも動いていない、スタート地点のままだった。この直撃でそのことに改めて気付かされた。

2021年5月18日。「すくえた命」ゴールデン特番当日。

報道フロアでは、取材班の面々が1ケ所に固まるでもなく、思い思いの場所でそれぞれが1年半を振り返りながら放送を見ていた。番組の感想はリアルタイムでTwitterに次々と上がり、九州・沖縄地区のトレンド1位になるなど、テレビ西日本始まって以来の挑戦は、信じられないほどの反響となっていた。

全員でその頑張りを称え合いつつ、帰宅したのは日付が変わる頃。

この2ケ月、以前にもまして家に帰っていなかった私を妻が出迎えてくれた。

「お疲れ様でした」

目に涙を溜めた妻にそのまますっと抱きしめられると、重圧で長期間ガチガチに固まっていた身体に久しぶりに熱が通った気がした。その熱が表情を溶かすと、自分でも信じられないほど涙が出た。

「苦しかったね……つらかったね」

そう。

本当は苦しかったし、つらかったのだ。

西川さんからバトンを引き継いで10ケ月。

何度も心が折れた。

家族と取材班のみんなは支えとなり続けてくれたが、ふとした時に強烈な孤独に襲われて、深夜の会社のトイレで何度も吐いた。

決してプレッシャーからというわけではない。

もっとつらい思いをしている瑠美さんや遺族を前に、私がそんなことを口にしてはいけないと、あらゆることをすべて丸ごと一人で背負い込んでいた。

「もういいかな？」

心の中でぷつんと糸が切れた音がした。

私にとってここがバトンを渡す時だった。

アンカー藤野

ほどなくして私に、古巣である制作部への人事異動が内示された。

だが、まだ終わっていない。遺族には「最後まで一緒に戦います」という意思をきちんと表明してから次に行く必要がある。

そのバトンを渡す相手は一人しかいない。

後輩の藤野だ。

おそらく藤野がアンカーになるだろう。

そして県警との戦いがまだ終わらず、遺族もまだ納得していない状況下で、藤野のバトンは非常に重いものになるだろう。それは重々承知だ。

「俺、受け取りきらんっすよ」

間近で私の苦悩を見続けてきた藤野はそうこぼしたものの、冬頃から徐々に私からVTR制作を任されるようになった時点で、いずれこうなることがわかっていたようで、すぐに腹を決めてくれた。

藤野ならしっかりと幕を下ろしてくれるに違いない。

こうして遺族に自身の異動と、藤野が担当になることを告げると、西川さんが異動する時にも言ってくれたのだが、私にも、何度も何度も感謝の言葉で労ってくれた。

とはいえ、ここからの戦いはかなり厳しいものになる。

圭子さんと真理さんから改めて話を聞くと、やはり「第三者による再調査」を求めていた。

そこで、最終のゴール地点を定めた。それは、県議会への請願書だ。

佐賀県警も公安委員会も、いくら言っても再調査をする気がない。であるならば、議会で「第三者による再調査」を提案し、議員に採択してもらう。

もうこれくらいしか再調査への道は残されていなかった。

県警はすでに相談に関する訓令を改定し、「ちゃんと県民に寄り添います」みたいな姿勢を示していたが、圭子さんにはそれが信用ならなかった。

「だって、いくらルールや相談簿を改めたって、それを使うのは結局人間なんですから。今回何が悪かったのかをしっかり検証して反省しないと、絶対にまた同じことが起きます」

遺族と藤野が議長宛ての請願書の作成に追われていた2021年9月。

まるで圭子さんのあの言葉が予言だったかのような事件が起きた。しかも、また鳥栖警察署でだ。

2021年9月10日金曜日の午後1時頃、佐賀県鳥栖市酒井東町で女性の悲鳴を聞いた近隣住民が、悲鳴がした民家に駆け付けたところ、敷地内で頭から血を流して倒れている高齢女性を発見し、119番通報した。79歳の女性は病院に搬送されたが、まもなく死亡が確認された。

事件が急展開したのは発生から3日後の9月13日。長崎市に住む25歳の大学生の男が、

「女性をハンマーで殴った」

と大分中央警察署に自首し、翌14日に殺人容疑で逮捕された。

これだけを聞くと、警察の対応に問題点は見当たらないように思える。しかし、佐賀県警

はとんでもないミスをいくつもやらかしていた。

まず、佐賀県警は14日に容疑者が逮捕されるまで、この事件の発生を一切公表していない。なぜならこの件を「事件」だと判断できていなかったからだ。

その後の容疑者の供述などから、被害に遭った女性は親戚宅の除草作業をしていたところ背後から突然襲われ、ハンマーで頭部を複数回殴られて死亡したことがわかったのだが、佐賀県警は初動捜査の検視の結果「転倒の傷でも矛盾はない」と考え、事件性を見極められなかった。

一つ目の問題点は、「検視能力」だ。

女性が倒れていたのは民家の外。しかも前のめりという状態だったそうだ。通報者は女性の「ギャー」という声を聞いていたし、近くには頭をぶつけたとみられる石などは何もなく、現場には血痕が30ケ所以上残っていた。しかも頭部は前後の複数箇所から出血し、骨折もしていた。事件性を疑うに十分な証拠が揃っていたはずだ。

そして2つ目は「変死事案なのに広報しなかった」という点だ。

あらゆる専門家が、「あれを殺人事件の遺体だと思えないのはあり得ない」と言ってはいたが、百歩、いや千歩譲って事件か事故かの判断がつかなかったことには目をつむってみる。

しかし、今回の大きな問題点は、それをマスコミ、近隣住民に一切知らせていなかったことだ。もし事件だったとしたら殺人犯が逃走していることになる。その後の調べで、大学の留年が確定的となり、「自分の居場所は刑務所しかない。人を襲うしかない」と考えた男が、通り魔的に被害者を襲った。そして凶器のハンマーを持ったまま福岡市内に戻ったことがわかった。つまり、第二、第三の通り魔事件が起きていたかもしれないのに、佐賀県警はこの「変死事案」の広報を一切しておらず、犯人が大分中央警察署に自首し、翌日に逮捕されてから初めて事件を公表した。

これを知った佐賀県民は、インタビューで恐怖に震えていた。

近隣住民への注意喚起はどうなっているんだ？

その間に次の事件が起きていたらどうしていたのだ、と。

県警は「初動捜査の段階においては事件および事故の確定的な判断は困難だった。適切な捜査は行われており、対応の不備は認められなかった」という見解を示した。

しかし、検視で事件か事故か判断ができない時こそ、速やかに司法解剖に回すのがセオリーなのだが、佐賀県警は解剖を依頼した佐賀大学が土日に対応できなかったという理由で月曜日まで放置した。ちなみに、九州大学など対応可能だった他の委嘱先への日程の照会はしていない。

いつか「今後はより丁寧に県民に寄り添う」と言っていたが。どこまでも自分本位で、県民の安心や安全は後回しと言われても仕方がない。

この事件によって、９月議会は公安委員会と県警に対する議題が２つになった。

2021年9月16日の佐賀県議会。この日は、2つの問題のうち太宰府事件への対応が議論される日だった。

公安委員会が遺族に一度も話を聞かずに、「鳥栖署の対応は問題なかった」と結論づけたことや、その判断プロセスについて、そしてきちんと再調査をするべきだという追及がおこなわれた。

共産党の井上祐輔県議が、一連の公安委員会の対応について触れると、8月に公安委員長に就任したばかりの県立高校元校長吉冨啓子《よしとみけいこ》氏は、「県警が事件化の判断に至ることは難しかった」と前任の安永恵子氏と同じ説明をするとともに、公安委員会が県警の対応に関する調査をしなかったことも問題視しなかった。

藤野はその日の夕方のニュースで取り上げるために議会を取材しており、私はこれまでの問題点と共に、こうしたやり取りをどう報道するのかなと思いながらニュースを眺めていた。

しかし藤野は、VTRの冒頭でこの事件の縮図ともいうべき場面をいきなり差し込んだ。それは公安委員長が井上議員に追及を受ける直前、自民党の議員が公安委員長に対して、

「頑張って！」

というエールを飛ばし、吉冨公安委員長と佐賀県警の松下本部長がにこやかな笑顔で返した場面だった。

藤野はそれがどうしても許せなかった。

人一人が亡くなっている。そんな大ごとに対して公安委員長も県警本部長も、そして最大会派である自民党の県議までもがまるで何とも思っていない。

ニュースでは通常、例えば議会の様子であれば答弁の内容を中心にし、本筋とは関係のない部分は取り上げない。記者からすると、ああいうシーンをニュースに入れ込むというのは、かなりの勇気がいることだ。

なぜなら、テレビのニュースは、新聞の社説などと違って基本的には中立の立場で報道する。例えば最近の子育て政策を取り上げる場合でも、若い人の賛成の意見を流しつつ、もう少し年配者のことも考えてほしいという人の意見も流すのが通常だ。

だが藤野は、議会での「馴れ合いの構図」を見逃さず、怒りをもってしっかりと報道した。世論など意に介さず、相も変わらず横車を押し続ける佐賀県警と公安委員会。取材班は、どこまでもしっかりと追及する。少なくとも遺族が納得いくまでは絶対にやめない。

藤野は私が西川さんから渡されたバトンをしっかりとキャッチして、前に向かって走っていた。私はこの場面を見ながら、やはり藤野にバトンを渡してよかった、こいつだったら任せられると確信した。

しかし。

議会での「馴れ合い」の様子を映したVTRが終わり、映像がスタジオに切り替わると、MCはいつもの中立的スタンスで、その場面には触れずにコメンテーターに意見を求めている。

「いや、このスタンスは違うな」

私は違和感を覚えていた。

さらに、9月27日。

この日はオンエアの前に藤野から「今日は絶対に見てください」と念を押されていた。

この日の佐賀県議会の総務常任委員会では、県民ネットワークの徳光清孝《とくみつきよたか》県議が太宰府事件と鳥栖の殺人事件について質問した。

まず、鳥栖の殺人事件の広報の仕方についてだ。

徳光「事件、事故の両面から捜査をしていて、変死事件として10日に認知をしながらも公表しなかったということ、この点に関していろいろマスコミを含めて疑問が呈されているわけですが、変死事案と認識したときにすぐに公表しなかったというのはどうしてなんでしょうか?」

この質問には佐賀県警の川原重樹《かわはらしげき》刑事企画課長が答えた。

川原「本件については、認知当初の段階では現場の状況、付近の聞き込み、御遺体の検視などの初動捜査から得られた情報のみでは事件、事故の確定的な判断が困難であり、司法解剖の結果、事件性が認められた段階で広報する予定であったところであります」

徳光「ニュースでは、事件、事故の両面で捜査中ですというようなことで公表されたりというのはよくあるのかなというふうに思っているんですね。だから、今回の事件についても、事件、事故の両面で捜査中であるという変死事案の公表というのは可能ではなかったんですかね。その点どうですか」

川原「個々の事案に関する公表については、個別の事案ごとに判断するものでありますが、本件については、認知当初の段階では、初動捜査から得られた情報のみでは事件、事故の確定的な判断が困難であり、司法解剖の結果、事件性が認められた段階で公表する予定であったところでございます」

徳光「私は事件、事故の両面から捜査をしていますということでの公表というのはできないんですかねというふうに聞いているので、それに対して答えていただきたいと思います」

回答者が中原和雄《なかはらかずお》刑事部長に替わる。

中原「先ほど刑事企画課長のほうで答弁した分と重なりますが、先ほど説明いたしましたとおり、個々の事案に関する広報につきましては、個別の事案ごとに判断するものであります。本件につきましては、認知当初の段階では、初動捜査から得られた情報のみでは事件、事故の確定的な判断が困難であり、司法解剖の結果、事件性が認められた段階で広報する予定であったところであります」

何を聞いても同じ。いつも同じ。もううんざりだ。

一体、何人の市民の命を犠牲にすれば、この組織は変わるのだろうか？

何度繰り返せば、市民に寄り添う警察組織になるのだろうか？

どこまでも無謬主義を貫き通す佐賀県警に、私はそんな諦めに似た気持ちを抱いた。

また、徳光県議は太宰府事件に関する質問もしたが、吉富公安委員長や松下県警本部長はこれまた同じ答弁に終始し、何一つ進展のないまま終わった。

藤野はこの不誠実な議会答弁を受けて、様々な専門家をＶＴＲに登場させ、佐賀県警の怠慢や不作為に関する事実を客観的かつ正確に、そして確実に弾劾していった。

例えば鳥栖の高齢女性殺人事件の初動捜査については、瑠美さんの遺体を解剖した九州大学医学研究院の法医学者、池田典昭教授から、

「話にならない。『初動捜査で事件か事故かわからない』とすぱっと言える環境にあるのが、法医学の常識からして考えられない」

というコメントをとりつつ、佐賀県警の捜査能力の拙劣さを痛烈に批判し、福岡県警の元刑事からは、

「犯罪死体にするか事故死体にするか躊躇していたんだと思う。同じ警察官としてふがいない。だが、佐賀県警はそういう体質だ」

というコメントをとりつつ、いかに佐賀県警の仕事ぶりが怠惰かを糾弾した。

そして藤野は専門家に頼るだけではなく、佐賀県警や鳥栖警察署が太宰府事件から何一つ学んでいないことを、自分の言葉で、とにかく徹底的に、これでもかと原稿に書きまくっていた。

無謬主義を貫く組織に腹が立っていた人たちが見ると、溜飲が下がるような、まさに渾身の出来だった。

VTRが終わってスタジオが映る。ところが、MCは、

「県警は何を聞いても同じ答弁の繰り返し。これで県民の信頼を得られると思っているのか疑問が生じるわけなんですが」

とまとめをひと言だけ言うと、すぐにコメンテーターに話を振り始めた。

ちょっと待ってくれ。

なぜ、この期に及んでMCがこんなにニュートラルなんだ?

スタジオはまるでVTRの強烈な論調を意図的に中和しようとしているような、いまだに

テレビニュースとして中立の立ち位置を保とうとしているようなバランスのとり方をしていた。

まだわかっていないのか。

やっぱり取材班と報道部の温度は、明らかに違う。

あの苦しかった日々が蘇った。

取材班はまだ全力で戦い続けているのに、やっぱり他人事のようだ。

太宰府事件は「社業」じゃなかったのか？

「藤野がどんな思いでこれを書いたと思ってるんですか！」

今まで抑えていた怒りが爆発した。

報道部はニュースが終わる午後7時にその日の反省会を開いているのだが、すでに部外者になっていたにもかかわらず怒鳴り込んでいた。

VTR後にスタジオでアナウンサーがコメンテーターとやり取りをする場面は「あと受け」と呼ばれ、記者の情報を基にデスクや編集長が話の流れを書く。

藤野はもちろん、あと受けでも徹底的に糾弾すべきと主張したらしいが、その日の担当デスクは「TNCは放送局として中立の立場でいよう」と話し、原稿は他のニュースと変わらない当たり障りのない論調に変えられたそうだ。

「俺たちがこの2年、膨大な時間と労力を費やして、心を削って、証拠を集めて、検証しまくって、やっぱりこれは佐賀県警が悪いんだって自信を持って『断定』したんですよ？　俺たちのことを信じているなら、一緒に非難してくださいよ！　俺たちがどんな気持ちでずっと取材してるのか。それがわかっていたら、あと受けがこんな論調には絶対にならないですよ！　MCはこの特集を『TNCが検証報道を続けている太宰府主婦暴行死事件ですが〜』って枕詞で始めてるんですよね。なら責任を持って、藤野だけに、取材班だけに背負わせるんじゃなくて、ちゃんと一緒に戦ってくださいよ！」

いつもは和やかな反省会が静まり返っていた。

事件が発生し、ひょんなことから遺族との縁が出来た私たちは、取材を進めるにつれどんどん複雑になっていく状況に頭を悩ませながらも、時間をかけて特集を作り上げた。特集は視聴者から大きな反響を呼び、取材と出稿は誰にも止められないスピードでどんどん大きく広がって、「太宰府主婦暴行死事件」というニュースには、気付けば私たち取材班の色が付いていた。

そんな状況だったから、取材班以外の報道部員が途中で入ってくることはなかなかできないことや、他のメディアも後追いしづらい状況なのは理解している。

でも。

本当は、一緒に声を上げてほしかった。

もっと多くの援護射撃がほしかった。

なぜなら戦っている相手があまりにも大きかったからだ。

市民の命と生活を守るために存在している警察という組織が、明らかに嘘をついている。しかもその嘘は、二重、三重になっていった。よくもここまで嘘を並べられるものだと逆に感心するレベルだ。

我々の生活にかかわること、我々の平和な暮らしが脅かされる恐れがあることなのだから、本来ならば報道機関は一斉に声を上げ、特にTNC報道部は総力を挙げて佐賀県警を追及しないといけないのに、取材班だけが心を削り、いつまで経っても孤軍奮闘を続けている。

百歩譲って、同じ船に乗ってくれなくてもいい。

でもせめて、背負っているものの重さぐらいは理解して欲しかった。

まだ28歳の藤野は、たった3、4ケ月で私から重圧のかかる仕事を引き継いだ。あいつが仕事がいくらできると言っても、まだ6年目の若手記者だ。

「社業」というのであれば、他人事と思わず一緒に戦ってあげてほしい。

この重すぎる責任を、あいつ一人に背負わせてはダメだ。

ずっと抱えていた思いの丈を反省会でぶつけた。

反省会が終わると、藤野は私に泣き顔で感謝の意を述べた。背負っている荷物は変わらず重いのに、支える人間は減り、相当な負担を強いられているのだろう。

だが、そんな中でも藤野は、実は一つ大きなネタを摑んでいた。

それは例の「テープ起こし」に関する、新たな重要な証言だった。

辿り着いた場所

2021年10月1日。

遺族が提出した「第三者による再調査」を求める請願書の採決の日を迎えた。

「圭子さんも真理さんも『結果がどうであれ、もうこれで大丈夫です』とおっしゃっています。きょうで最後です。ちゃんと閉じますから見ててください」

藤野からそんな連絡が入った。

再調査すべきという県民の声は相変わらず大多数を占めている。ところが我々の見立ては、採択される見通しは限りなく低いというものだった。それはなぜかというと、藤野が「ある重要な証言」を得る過程で見えてきた事情に関係していた。

まだ私がこの事件を担当していた２０２０年の12月。

自民党の県議が本会議において、当時の杉内本部長に対して太宰府事件に関する質問をおこなった。ところが、本会議という時間の限られた場であったということもあるが、その質問内容は非常に淡泊で、杉内本部長が答弁したことに関して追加で厳しく質問をおこなうこともなかった。

それ以降、自民党の県議は誰一人としてこの話題に触れず、挙げ句の果てには公安委員長に対してエールを送る者まで現れた。

「何かがおかしい」

そう感じた藤野は、改めて自民党の県議たちに取材をおこなっていた。私が議会を取材していた時もそうなのだが、ほとんどの県議は、

「あれは共産党の井上議員がやってるでしょ」

「私は所属している委員会が違いますんで」

と我関せずの態度を示し、中には、

「変に騒いで警察に睨まれたくない」

なんてことを話す不届き者もいた。ところが、そうした中で一人の県議が重要な証言をしていたのだ。

「自民党の中でも『さすがに県警のあの態度はよろしくないんじゃないか？』という声が上

がっていてね。だから会派として非公式ではあるけれども県警の担当者から勉強会みたいな形で説明を受けたんだ。あらかた納得のいく説明だったもんで、ウチとしては取り上げないことになったんだよ」

おそらく、公安委員会に説明した時のように、あの薄っぺらい相談簿を武器として使いながら、「この内容じゃ事件性を見抜くことは無理でした。でも今後はより丁寧に対応します」みたいなことを言ったのだろう。始まりが「我がこと」ではなかった自民党の議員たちは、その説明を受けて、この件の追及を放棄した。

なるほど。それで動きが鈍かったわけか。

非公式の勉強会というクローズな場所で、まんまと丸め込まれた主要会派の面々。

結局、県民の声を反映させるはずの公安委員会も議会も県警と馴れ合う。

その結果があの「公安委員長激励事件」だったというわけだ。

こういう経緯で、請願書の採択が絶望的な状況であることがわかっていた。しかし、その議員はこの話の流れの中で、藤野に「最も重要な証言」をした。

「あと、あのテープ起こし発言についてだけど。県警の説明は『録音データを箇条書き、要約したものを持ってきてほしいという主旨だった。決して一字一句を求めたわけじゃない』って感じだったよ」

なんだって？

佐賀県警は、最初こそ発言を認めていたものの、その証拠がないとみるや、「言った事実は確認できない」だの、「1回目の説明における発言はあくまでも仮定の話」だの、それまでの説明を見事にくるっとひっくり返して否定してきていた。

でもやはり、遺族に脅迫の内容をまとめさせようとした事実があったというのだ。

藤野はすぐさま佐賀県警に質問状を送り、自民党県議への説明会の場におけるこの発言に関して再度確認を入れたところ、佐賀県警からは書面で、「ご指摘の『箇条書き』や『文章作成』を含め録音データについて警察官が文字起こしを依頼した事実は認められない」との回答が届いた。

佐賀県警は、どこまでも佐賀県警だった。

なぜ、11回も相談に行ったのに、鳥栖署は動いてくれなかったのか。

なぜ、瑠美は命を落とさなければならなかったのか。

最初はただ、その答えを知るためだった。

徐々に取り戻しつつあった平穏な暮らしを捨てても。

愛する人の無残な姿を再び思い出さなければならないとしても。

狭い街で顔も知られ、心ないことを言われる可能性があったとしても。

それでも答えを知りたいと、遺族は私たちと共に戦う覚悟を決めた。

すると佐賀県警は、「ちゃんとやっていれば事件性に気付けたかもしれない」と、あまりにお粗末だった相談対応について謝罪をした。

求めていた答えは、思っていたよりも早く手にすることができた。

そこで止めることもできただろう。

しかし、その答えを得ても、納得した遺族は一人もいなかった。

それはやはり、瑠美さんを救う最大のチャンスだった9月25日のあの場面のことで、遺族が一番落胆したあの夜のことで、当該の警察官がただただ保身のために嘘をついていることがわかったからだろう。

ただ一言、

「申し訳ありませんでした」

と、本人がその場に現れて謝罪をしていれば終わっていたのに、それから逃げたばっかりに、遺族のゴールは変わってしまった。

遺族は求めすぎたのか？

いや、そんなことはない。

市民が安心・安全な生活を送るために、最後の砦となるべき警察の不作為。

それによって失われてしまった命がある。

そのことに向き合わず、やり過ごしてしまうといつか絶対に同じことが起こる。

私たちのような思いをする人が二度と出てほしくないから、そのためにしっかりとした検証をしてほしい。

遺族の願いは、たったそれだけなのだから。

佐賀県議会の本会議。

「佐賀県警鳥栖警察署対応についての調査委員会設置、佐賀県公安委員会の是正に関する請願であります。本請願に賛成の方の起立を求めます」

議長が採決をとると、起立した議員は2人。たったの2人だった。

この瞬間、圭子さんと真理さんの願いは完全に潰《つい》えた。

2年近く取材を続けた、調査報道「すくえた命」の最後の特集VTR。

藤野はこの事件が一体何だったのか、バトンを受け取った最後の走者として、とうとう無謬主義の呪縛から脱却できなかった警察組織の愚かさを、視聴者に語りかけるように丁寧に描いていった。

そして、前回はスタジオで触れられることがなかった、自民党の県議からエールを送られた吉冨公安委員長と松下佐賀県警本部長が笑うシーンをもう一度入れた上で、最後にこんなナレーションをつけた。

人一人の命が失われているというのに、なぜ笑みがこぼれるのか。

ＴＮＣの記者には「馴れ合いの構図」にしか映りませんでした。

警察の落ち度が指摘されたまま誰も責任を取らず、このまま事件に蓋をしてしまっていいのか。

すくえた命。

多くの県民が疑問を抱いたまま、瑠美さんの死は過去のものにされようとしています――。


ＶＴＲが終わり、スタジオが映る。

すると、前回はなかった山口アナウンサーのワンショットにカメラが切り替わった。

息をゆっくり吸った山口アナは、怒りに満ちた顔でカメラを見つめこう言った。

「高畑さんが亡くなったのに議場で笑顔。そして議員が頑張ってと。本当に被害者に寄り添う姿勢でしょうか、これが！」

この姿を見た私は、誰もいない会議室でむせび泣いていた。

あとがき

２０２１年12月、山本の懲役22年、岸の懲役15年６ケ月の判決が確定した。

一審判決を不服としていた両人は控訴していたが、控訴審も「事実の誤認はない」と一審判決を支持していた。そして12月17日が上告の期限であった。

だが、両被告は上告しなかった。

山本は弁護人にもその理由を明かすことはなく、真意は今もわからない。


それから半年が経った２０２２年夏――。

佐賀県の麓《ふもと》刑務所で服役中だった山本美幸が、体調の悪化で死亡した。

死因に関する公式発表はなかったため各社の報道は割れ、新型コロナに感染したことによって死亡したというところもあれば、事件前から患っていた腎臓の病気が悪化したというところもあった。

いずれにしても、あまりにあっけない幕切れだった。

「二度と世の中に出てこないでほしいと思っていた。でも、もっと長い期間、罪と向き合って反省してほしかった。苦しんでほしかった」

と、圭子さんはやりきれなさを吐露した。

奸智《かんち》に長け、多くの人を不幸に陥れた山本美幸が死んだ。

それも刑務所に服役してたった半年程度で。

その死に様は、「ある意味」山本らしく、最後まで逃げるように、罪を償うことなく。

とことん身勝手な人間だった。


主犯は死んだ。そして、もう一つの「本丸」は、悪びれるふうもなく相変わらず厚顔無恥のままそこに居座っている。

これは記者として褒められた姿勢ではないが、私自身、取材を始めた当初から「社会正義の実現のため」なんて崇高な目標を持っていたかというと実はそうではない。不作為によって亡くなってしまったという事実があるのであれば、それは謝罪すべきだろうという極めて素人的な考えから、遺族への謝罪を最重要視していた。

ところが、どんな証拠が出てきても、どんな証言があっても、言い逃れと嘘と言い訳を繰り返し、佐賀県警は頑なに遺族に対して謝罪をしない。そうなって初めてこの事件の根底に横たわる「無謬」という大きな問題に気がついた。

報道的使命感に駆られたのはそれからだった。

徹底的に矛盾を突き、糾弾し続けたが、ビクともしない組織。

世間を味方に付ければ状況が変わるのではないかと、ありったけの弾を込めてこれでもかと撃ちまくった。すると、日ごとに賛同の声は大きくなっていき、佐賀県警や鳥栖署に対する世間の批判も雪だるま式に膨れ上がった。

無謬主義の呪縛から抜け出せなくなり、マスコミからも市民からも非難され続けるその姿は、もはや惨めとすら思えるほどだった。

私はその姿を最前線で見ながら、ある種の達成感を得ていた。さすがにこれで気付くだろうと。

しかし、どんなに世間から冷たい視線を浴びせられようが、結局佐賀県警は遺族に謝罪することはなかった。

その後、最前線から身を引き、少し距離をとって戦況を眺めた時にふと思った。

私たちは結局、負けているのではないか、と。

それはすぐに確信に変わる。鳥栖の殺人事件だ。

初動捜査はお粗末で、危険が迫っているかもしれないことを広報もしなかった。県警はあれだけ叩かれたにもかかわらず、同じようなことを繰り返していた。

結局「よりよい社会の実現」などという報道的使命の観点から言うと、太宰府事件から何一つ学ぼうとしない佐賀県警の無謬主義に私たちは完敗したのだ。

ローカル局の若手記者たちが挑んだ2年にわたる調査報道。

ゴールデンタイムで放送した特別報道番組「すくえた命～太宰府主婦暴行死事件～」は、2021年度の日本民間放送連盟賞・テレビ報道番組部門で最優秀賞を受賞した。その授賞理由は、

「普通の主婦が正常な判断力を失うまで心身を支配され、監禁、暴行の末に殺される凄惨な事件。警察の対応によって主婦の死は防げたのではないかという怒りと問題意識を、粘り強い取材で描いた。ドキュメンタリーではあまり使われない再現映像を多用しているが、綿密な周辺取材で得た情報を忠実に再現することで信用性を高めている。一市民の命を軽んじるかのような対応の不誠実さと責任を逃れようとする警察組織の体質を追及していく姿勢は、『調査報道のあるべき姿』と高く評価した」

という、身に余るありがたいものだった。

すでに元の「情報番組ディレクター」に戻っていた私は、授賞式の壇上で、日本中の警察担当記者たちに届いてほしいと、自らの思いを語らせてもらった。

稚拙なくせに説教じみているし、ぺーぺー記者がなにを偉そうに、と思われるかもしれないが、ここにも記すことをお許しいただきたい。

よく「寄り添う」という言葉を耳にする。

政治しかり、警察しかり、報道しかり。

では何をすれば寄り添っていると言えるのだろう。

私はその理念を何となく理解しているつもりだったが、今回の調査報道で身に沁みて分かった。

寄り添うとは、背負うことだ。

何かに困っている人は世の中にごまんといる。

では、我々のような職業の人間は、その声にじっくりと耳を傾ければ寄り添っていることになるかというと、それくらいでは全く足りないだろう。

報道、警察、政治を生業とする人間は、ただ耳を傾けるのではなく、時には肩を貸し、その重みを分け合い、共に歩まなければならない。

それは決して簡単な任ではない。

プライベートを犠牲にすることにもなるだろう。

でも、その責務を負っているからこそ、国民からあらゆる力を負託されているのだと私は思う。

だから背負え。言い訳をして逃げるな。

授賞式が終わり会社に戻ると、多くの人からねぎらいの言葉をかけられた。しかし私は、

「おめでとう」と言われるたびに複雑な心境になっていた。

なぜなら、やっぱり瑠美さんやご遺族のことを考えてしまうからだ。たしかに受賞したのは喜ばしいことだ。でもご遺族の視点に立ってみると、

「最愛の家族の死が題材となったノンフィクション番組が最優秀賞を受賞した」

ということになる。これは本当に喜んでいいことなのだろうか。

ところが、この心配は杞憂だった。ご遺族は取材班がどんな思いで報道してきたかを深く理解してくださっていて、

「みなさんがあれだけ一生懸命頑張って作り上げたものが認められてよかった」

と言葉をかけてくださった。

今回の書籍化に関しても、その意義をご理解いただき、快く承諾していただいたことも重ねて感謝申し上げたい。

せめてもの気持ちとして、この書籍の印税は遺された子どもたちへ。

そのくらいしかできることがないことに心苦しさを感じながら、改めて、高畑瑠美さんのご冥福をお祈りします。

合掌。

2023年10月

テレビ西日本　取材班代表　塩塚陽介

塩塚陽介
SHIOTSUKA YOSUKE

1989年北九州市生まれ。立命館大学卒。2011年テレビ西日本入社。報道カメラマン、制作部ディレクターなどを経て2015年報道部に配属。1年半にわたり本事件を追跡、取材して制作した報道特別番組「すくえた命～太宰府主婦暴行死事件～」で2021年日本民間放送連盟賞番組部門・テレビ報道最優秀賞を受賞。現在は制作部所属。

すくえた命

太宰府主婦暴行死事件

2023年12月15日　第1刷発行

著　者　テレビ西日本 塩塚陽介
発行人　見城 徹
編集人　菊地朱雅子
編集者　松本あおい
発行所　株式会社 幻冬舎
〒151-0051 東京都渋谷区千駄ヶ谷4-9-7
電話：03(5411)6211(編集) 03(5411)6222(営業)
公式HP：https://www.gentosha.co.jp/
印刷·製本所　中央精版印刷株式会社

Printed in Japan
ISBN978-4-344-04213-1 C0095

この本に関するご意見·ご感想は、
下記アンケートフォームからお寄せください。
https://www.gentosha.co.jp/e/